(宋)蘇轍 撰 傅增湘 校

傅增湘校本欒城集

第十五册

國家圖書館出版社

U0884678

第十五册目録

欒城第三集

卷二　詩七十一首

卷三　詩七十首

道光壬辰新鐫

欒城第三集

板藏眉州三蘇祠

欒城第三集引

崇寧四年余年六十有八編近所為文得二十四卷目之欒城後集又五年當政和元年復收拾遺稾以類相從謂之欒城第三集方昔少年沈酣文字之間習氣所薰老而不能已既以自喜亦以自笑今益以老矣餘日無幾方其未死將復有所為故隨類輒空其後以竢異日附益之云爾

潁濱遺老書

欒城第三集目錄

第一卷

詩

第二卷

詩

遺老齋絶句十二首　　移花

服栗　　白菊

九日家釀未熟　　南齋獨坐

西成　　藏栗

示諸子　　示諸孫

十一月一日作　　冬至日

除日　　臘中三雪

第三卷

詩

雨中秋絶句二首并引　贈德仲

閏八月二十八日菊有黄花圃中燦然奪目九日不憂無菊

而憂無酒戲作　九日三首

戲題三絶　木氷

夜坐　老吏

臘雪次遲韻　小雪

土牛　除夜二首

遺老齋南一楠雙榦昔歲坐堂上僅可見也今出屋已尺餘

偶賦

正月十六日

七十二歲作

春旱彌月郡人取水邢山二月五日水入城而雨

龍川道士

重贈

食櫻筍二

西軒畫枯木怪石

悟老任慧林

蠶麥

北堂

秋旅

七夕

食雞頭

秋雨

補種牡丹二絕句

曹郎子文赴山陽令

九日三首　早睡
廳前栢　十月二十九日雪四首
冬日即事　畫學董生畫山水屏風
冬至日作　冬至雪二首
讀樂天集戲作五絕　記病
除日二首　上元
壬辰生日兒姪諸孫有詩所言皆過記胸中所懷亦自作
白鬚　林筍
西軒種山丹　遊西湖

第四卷

詩

壬辰年寫眞贊

管幼安畫贊 并引

第六卷

策

策問二十五首

論

觀會通以行典禮論

第七卷

論語拾遺

第八卷

遺老齋記

墳院記

欒城第三集目錄終

欒城第三集卷之一

宋眉山蘇轍子由著
明東吳王執禮下敬　顧天敍禮初仝校

詩七十首

丙戌十月二十三日大雪

秋成粟滿倉冬藏雪盈尺天意憫無辜歲事了不逆誰言豐年中
遭此大泉厄肉好雖甚精十百非其實田家有餘糧靳靳未肯出
閉門但坐視愍不得食朝饑願充腸三五本自足飽食就笑飲
竟亦安用十數豪得巧便轣轆連鑣相易鄉邦穀如土胡越兩不及

閑民本無賴翩然去井邑土著坐受窮忍饑待捐瘠彼哉陶鈞手用此狂且愼天且無柰何我亦長太息

畫歎并引

武宗元比部學吳道子畫佛菩薩鬼神燕肅龍圖學王摩詰畫山川水石皆得其彷彿潁川僧舍往往見之而里人不甚貴重獨重趙董二生二生雖工而俗不識古名畫遺意作畫歎

武燕未遠嗟誰識趙董紛紛枉得名已矣孫陳舊人物至今但數漢公卿

憂中反古菖蒲并引

古詩云石上生菖蒲一寸十二節仙人勸我食令我好顏色十
一月八日四鼓夢中反之作四韻見一愚公在側借觀示之袚
然有愧恨之色
石上生菖蒲一寸十二節仙人勸我食再三不忍折一人得飽滿
餘人皆不悅已矣勿復言人人好顏色
次遲韻復雪一首
老人怕寒愁早作夜聞飛霰知相虐粟車未到泥復深場薪欲盡
心驚愕山川澒蕩勢如海孤舟一葉知安泊山中故人消息斷欲
問有無隔溪壑人言王生好事人回船不顧山陰約故侯生來本

貧窶妻子至今美藜藿叟履長歌解忍饑裹飯往餉今誰託家人
來告酒可蒭洗盞開瓶同一酌

次韻文氏外孫驥以其祖父與可學士書卷還謝悰學士

西南自是賢俊府衰老思歸讒留許春禾磨麥非平生子孫便推
我作古賢哉與可詩中傑筆墨餘功散繪楮南陽諸謝世有人此
邦亦自非其士一時與我俱作客白髮蒼顏愧非伍儒術眞傳漢
太翁風流未滅晉諸庾兩家尚有往還帖舊集脫遺應可補明窗
展卷淸淚滴悵然似與故人語欲鎖空廚付長康恐君譏我不與
取

守歲一首

歲云莫矣誰能守唯有此心初不移宇宙隨流任爾去虛空對面

卽吾師三盃醉倒聊從俗一點靈明欲語誰來日日新無限事歸

根一笑彼安知

上元不出一首

春寒未脫紫貂裘燈火催人夜出遊老厭歌鍾空命酒病嫌風露

怯登樓擁袍坐睡曾無念結客追歡久已休試問酒鄰傳法老此

時情味似儂不

將築南屋借功田家一首

先人敝廬寄西南不歸二紀今何堪卜營羌裘閱歲三酉成黍豆
餘石甕借功田家并钁拔農事未起求不嫌併遣浮客從丁男芸
藜禿巾短後衫杵聲登登騶閭閭期我一月八不厭我方窮困人
所謂有求不答心自甘一言見許不妄談飲汝信厚心懷慚晨炊
暮餉搶醯鹽歸時不礙田與鑑

丁亥生日一首

少年即病肺喘作鋸木聲中年復病脾暴下泉流傾困苦始知道
處世百欲輕收功在晚年二疾忽已平來年今日中正行七十稱
老聃本吾師妙語初自明至哉希夷微不受外物嬰非三亦非一

了了無形迎隨俱不見瞿曇謂無生湛然琉璃內寶月長盈盈

初葺遺老齋二首

髭鬢殫白已經歲腰痛春來日又多一味安閑猶有礙却令朝謁

擬如何築居定作子孫計好事人遭僧佛呵尤媿白家履道宅十

年成就飽經過

為留十步南牆竹莫遣門前鳥雀多陋巷何妨似顏子勢家應未

奪蕭何詩書懶惰何曾讀氣息捐句不用呵多病從來少賓客杜

門今復幾人過

謝人惠千葉牡丹一首

東風催趂百花新不出門庭一老人天女要知摩詰病銀瓶滿送
洛陽春可憐最後開千葉細數餘芳尚一旬更待遊人歸去盡試
將童冠浴湖濱

移陳州牡丹偶得千葉二本喜作一首

小園初開清渼岸名花近取宛邱城爭言千葉根難認忽發雙葩
眼自明謫墮神仙終不俗飛來鸞鳳有餘清細鉏瓦礫除荆棘未
可令齋衆草生

因舊一首并敘

予因卞氏故居改築新宅其廳事陋甚有柴氏廳三間求售三

百餘萬錢力不能致予遲曰因卞之舊而易其尤不可子孫若賢當師公儉予愧其言從之作因舊詩

君不見林上鵲冬深始營巢及春巢已成又不見梁上燕春深初作窠及夏雛已生我爲一區屋三年費經營紛紛伐梧楸日厭斤斧聲老竟能幾何何日安餘齡一言愧吾兒事忌與力爭青楊易三棟赤楡換雙楹指顧行即具構築役亦輕鄰侯念子孫不處高閈閎吾今何人斯此則座右銘

初成遺老齋二首

花時懶出伴遊人暑雨深藏養病身新宅丁丁厭斤斧舊書寂寂

卷埃塵久將生事累諸子頓斂浮根付一眞遺老齋成謀宴坐澹

然無語接來賓

舊說潁川宜老人朱櫻班筍養閑身無心已絕衣冠念有眼不遭

車馬塵青簡自書遺老傳白鬚仍寫去年眞齋成謾作笑談主已

是蕭然一世賓

蠶麥二首

疏慵自分人嫌我貧病可憐天養人蠶眠已報冬裘具麥熟旋供

湯餅新擷桑曉出露濡足拾穗暮歸塵滿身家家辛苦大作社典

我千錢追四鄰

三界人家多鮮福一時蠶麥得難兼鉏耰已愧非吾力湯火尤驚取不廉貴客爭誇火浣布貧家粗有水精鹽薄衫冷麪消長夏捫腹當知百不堪

文氏外孫入村收麥

欲收新麥繼陳穀賴有諸孫替老人三夜陰霪敗場圃一竿晴日舞比鄰急炊大餅償饑乏多博村酤勞苦辛閉廩歸來眞了事賦詩憐汝足精神

李方叔新宅

我年七十無住宅斤斧登登亂朝夕兒孫期我八十年宅成可作

十年客人壽八十知已難從今未死且磐桓不如君家得衆力咄嗟便了三十間李君雖貧足圖史旋鑿明窗安淨几閉門但辦作詩章好事時來置樽俎我恨年來不出門不見君家棟宇新心安即是身安處自搔頭顱莫問人

苦雨　七月朔

蠶婦絲出蠶田夫麥入倉斯人薄福德二事未易當忽作連日雨坐使秋田荒出門陷塗潦入室崩垣墻覆壓先老稚漂淪及牛羊餘糧詎能久歲晚憂糟糠天災非妄行人事宻有償嗟哉竟未悟自謂予不戕造禍未有害無辜輒先傷簞瓢吾何憂作詩熱中腸

殺麥二首

麥幸十分熟雨過三日霾初晴尚未伏半夜卷重陰細築場無隙
輕推磨有音驚聞諸縣水一縣直千金

其二

雨後麥多病庚中蛾欲飛不辭終日暑幸脫半年饑潦水來何暴
秋田望已微農夫愚可念此報定誰非

立秋後

伏中苦熱焦皮骨秋後清風濯肺肝天地不仁誰念爾身心無著
偶能安詩書久爲消磨日毛褐還須準擬寒譩許百年知到否相

從一日且磐桓

初築南齋

我老不自量築室盈百間舊屋收半料新材伐他山盎中粟將盡槖中金亦殫涼風八月高扶架起南邊首成遺老齋願與客周旋古檜長百尺翠竹森千竿隔城高淸穎有井皆甘泉平生隱居念眷眷在山川誰言白髮年有作竟不然我本師瞿曇所遇無不安諸子知我懷勉更求榱椽堂成鋪莞簟無夢但安眠

中秋月望十六終夜如晝

秋氣久已到月明如可期雲生未望夜天借極圓時冷澈登臨倦

衰慵起舞遲兎閑長擣藥桂老尙生枝運轉何年住淸明與物宜油然任消長斤斧定何施

釀重陽酒

家人欲釀重陽酒香麴甘泉家自有黃花抱莛有隹思金火未調無好手老奴但欲致村酤小婢爭言試三斗我年七十似童兒逢節歡欣事從厚廩粟已空豆方實羔豚雖貴魚可取病嫌秋雨難爲腹老嚥饞涎空有口折花誰是送酒人來客但有鄰家父閉門一醉莫問渠巷爭不用纓冠救

戲題菊花

春初種菊助槃蔬秋晩開花插酒壺微物不多分地力終年乃爾任人須天隨七箸幾時輟彭澤樽罍未遽無更擬食根花落後一依本草太傷渠

九日三首

昔忝衣冠舊今從野老遊籬根菊初綻甕面酒新蒭不負重陽節都無擧世憂人生定誰是萬事本悠悠

其二

欲就九日飲旋炊三斗醅今朝不一醉坐客有字回白髮何須吝黃花恨晩開問知餅未罄相勸盡餘盃

其三

從古重此日今人那得違菊遲知歲閏酒貴念人飢身安且自慰家遠不成歸倘憶少年樂驚呼人盡非

十日二首

酒經重九尙殘卮雨送初寒問篋衣養氣安閑眞得計讀書勤苦已知非謾存講說傳家學深謝交遊絶世譏築室未成中自笑何如茅屋對柴扉

憂患經懷沃漏卮榮華過眼脫輕衣定心稍覺無來往時事誰能問是非祿去身安常自喜宅成囊竭可無譏交遊散盡餘親戚酒

熟時來一叩扉

初戍遺老齋待月軒藏書室三首

老人身世兩相遺綠竹青松自蔽虧已喜形骸今我有枉將名字與人知往還但許鄰家父問訊纔通說法師燕坐蕭然便終日客來不識我爲誰 遺老齋

軒前無物但長空孤月忽來東海東圓滿定從何處得清明許與衆人同怜渠生死未能免顧我盈虧略已通夜久客寒要一飲油然細酌意無窮 待月軒

讀書舊破十年功老病茫然萬卷空插架都將付諸子閉關猶得

養衰翁案頭螢火從乾死窗裡飛蠅久未通自見老盧眞面目平

生事業有無中　藏書室

久雨

雲低氣尙濁雨細泥益深經旬勢不止晩稼日已侵閒居賴田食

憂如老農心堆場欲生耳棲畝將陸沉常賦雖半釋雜科起相尋

凶年每多暴此憂及山林號呼天不聞有言不如喑願見雲解脫

秋陽破羣陰

方築西軒穿地得怪石

卞氏平日本富家庭中怪石蹲礨礨子孫分散不復惜排棄坑谷

埋泥沙一株躍出隨畚鍤知我開軒方種花頽然遠嶺垂澗壑谽
然洞穴通烟霞十夫徙置幸不遠軒前桐栢陰交加我家舊隱久
不到小池尺水三流槎少年旋遶看不足時呼野老來蘋茶老人
得此且自慰更訪餘石探幽遐（或言卞氏舊石尚多但未知沉淪處爾）

肺病

肺病此不作屈信三十年今年胡爲爾呀然上衝咽寒冰未易溫
死灰誰使然醫言無庸怪此理環無端少年少戕敗今日存精堅
假年復除害非人豈非天

送遜監淮西酒并示諸任二首

疇昔南遷海上雷艱難唯與汝同來再從龍尉茅叢底旋卜雲橋

荔子堆相與閉門尋舊學誰言復出理官醅乘田委吏先師事莫

學陶翁到郎回

淮西留滯昔經年唯有諸任時往還炊黍留賓不嫌陋借書度日

免長閑歸來漢水無人問夢遶伊家古檜間二老舊遊唯我在後

生誰復識蒼顏遵聖師中二老人雖鄉人今無識之者矣

風雪閏十月十一日

冬温未宜人風雪中夜止疾雷略吾窗輕冰入吾被病去適三日

驚起存一氣心安氣亦安一物本非二皎然一村燈不燭九泉底

物來無不應物去未嘗昧恨我俗緣深撓此古佛智醫來視六脉

六脉非昔比醫適有此言

讀傳燈錄示諸子

大鼎知難一手扛此心已自十年降舊存古鏡磨無力近喜三更月到窗早歲文章眞自累一生憂患信難雙從今父子俱淸淨共說無生或似龐

夢中詠西湖

誰鑿西湖十里中扁舟載酒颭輕風草木蕃滋百事足寒暄淡薄四時同東鄰適與吾廬便西岸遥將岳麓通閑遊莫草無人識竹

杖藜鞵一老翁 前四句夢中得後四句起而足之

買炭

苦寒搜病骨絲纊莫能禦析新燎枯竹勃欝烟充宇西山古松櫟
材大招斤斧根槎委溪谷龍伏熊虎踞挑抉靡遺餘陶穴付一炬
積火變深黳牙角猶憤怒老翁睡破氊正晝出無屨百錢不滿籃
一坐幸至莫御爐歲增貢圓直中常度閭閻不敢售根節姑付汝
升平百年後地力已難富知夸不知嗇俛首欲誰訴百物今盡然
豈為一炭故我老或不及預為子孫懼

欲雪

今年麥中熟麵餌不充口老農畏冬旱薄雪未覆畝驕陽引狂風
三白知應否久晴車牛通薪炭家家有雞有口腹憂此病誰能救
逢官例謀身一醉日自富倘應天憖人雲族朝來厚飛花得盈尺
一麥可平取

那吒

北方天王有狂子只知拜佛不拜父佛知其愚難教語寶塔令父
左手擧見來見佛頭輒俯且與拜父略相似佛如優曇難値遇兒
者聞道出生死嗟爾何爲獨如此業果已定磨不去佛滅到今千
萬祀只在江湖挽船處

示諸子

老去催提一味閑坐合諸子生緣般般運水指行道披策讀書
那廢田兄弟躬耕真盡力鄉鄰不慣存稱貲裕人約已吾家世到
此相承累百年范玉德猶近語遲聞君家兄弟善治田盡取其不盡利耳

戊子正旦

百歲行來已七分筋骸轉覺不如人法傳心地初投種雨過花開
不待春蠶路一時如有得到家諸事本非新舊陳剛銷今無用付
與時人諸兩輪

題舊鐘楦并引

癸丑歲予爲興德軍掌書記是歲大旱除日府中饋畫鍾馗行

雪中狀甚怪後三十六年檢篋中舊畫得之戲作此篇

濟南書記今白須歲節鍾馗舊綠襦舉手托天欣見雪破鞋踏凍

可憐渠滔滔時輩今黃壤六六年華屬老夫見女未容翁便去餵

瓶隔夜浸屠酥

七十吟

年來霜雪上人頭俄爾相將七十秋欲去天公未遣去久留儆宅

恐難留六窗漸暗猶牽物一點微明更著油近聽老盧親下種滿

田宿草費鉏耰

久旱府中取虎頭骨投邢山潭水得雨戲作

邢山潭中黑色龍經年懶臥泥沙中嵩陽山中白額虎何年一箭肉爲土龍雖生虎雖死天然猛氣略相似生不益人死何負虎頭枯骨金石堅投骨潭中潭水旋龍知虎猛心已愧虎知龍懶自增氣山前一戰風雨交父老曉起看麥苗君不見岐山死諸葛眞能奔走生仲達

生日

扶杖今年見國人懸弧早歲憶茲晨佛身三世歸依地隣寺百僧清淨因蘧子知非慙已晚白公起定惜餘春舞雩一濯平湖水鄉

黨驚呼白髮新是日南堂供三世佛西寺齋僧百人

將折舊屋權住西廊

平生未有三間屋今歲初成百步廊欲趂閒年就新宅不辭暑月臥斜陽脩篁已謝前人種甘井何妨衆口嘗奔走從來成底事安居到處漫爲鄉

種花二首

築室力已盡種花功尚疏山丹得春雨艷色照庭除末品何曾數羣芳自不如今秋接千葉試取落人餘

其二

築室少閑地種花能幾畦松筠舊滿眼桃李漸成蹊無計通湖水
長思種藕泥幽懷終不愜柱杖出城西

同遲賦千葉牡丹

未換中庭三尺土漫種數蔂千葉花園工言近家糞土糞土多蟲故不宜花須換黃土三尺花乃茂造物不違遺老意一枝頗似洛人家名園不放尋芳客陋巷希
聞載酒車未忍畫瓶修佛供淸樽酌盡試山茶

同遲賦春晚

池塘春旱欲生塵一雨能令草木新脾病不嫌櫻筍薄廪空偏喜
麥禾勻白須照水湖光淨淥酒留人鳥哢頻但恐少年嫌老醜眼

前無復一時人

春無雷

經冬無雪麥不死秋雨過多深入土人言來歲定無麥農父掉頭笑不許淸明雨足麥欣欣旋敕奴婢修破囷大麥過期當半熟小麥未晩猶十分東家西舍發陳積十錢一㪷猶難得向來天公不爲人市人半是溝中瘠前望麥熟一月期老稚相勸聊忍飢誰令伏梡作寒熱囊中無錢誰肯醫天公愛人何所吝一春雨作雷不震雷聲一起百妖除病人起舞不須扶

聞卞氏舊有怪石藏宅中問其遺孫指一廢井云盡在是矣

井在室中床下尙未能取先作

昔人遊宦久江湖怪石嵌空駭里閭一井深藏緣底事百年不出待潛夫棄捐泥土性仍在睥睨林亭氣漸蘇微物廢興猶有定此生窮達謾長吁

仲夏始雷

陽氣溟濛九地來經春涉夏始聞雷麥禾此去或可望桃李向來誰使開號令迍邅人共怪陰陽顛倒物應猜一聲震蕩雖驚耳遍地妖氛未易回

八蟄

秦人一壐十五城百二十城當八壐元日臨軒組綬新君臣相顧無窮喜九昇崢嶸夏禹餘八壐錯落古所無古人鄙陋今人笑父老不慣空驚呼

讀舊詩

早歲吟哦已有詩年來七十才全衰閒編一笑恍如夢閉目徐思定是誰敵手一時無復在賞音他日更難期老人不用多言語一點空明萬法師

五月園夫獻紅菊二絕句

黃花九月傲淸霜百草滿園無此香紅紫無端盜名字試尋本草

細商量

南陽白菊有奇功潭上居人多老翁葉似皤蒿莖似棘未宜放入酒盃中

夏至後得雨

天惟不窮人旱甚雨輙至麥乾春澤匝禾稿夏雷墜一年失二雨廪實眞不繼我窮本人窮得飽天所畀奪祿十五年有田潁川涘躬耕力不足分穫中自愧餘功治室廬棄積霑狗彘久養無用身未識彼天意

遲往泉店殺麥

罷民不耕穫豈利有攸往古人爲我言許此亦無妄一冬免鉏犁
二麥盈罋盎火老金尙伏雨過築場壤隣家助伯亞蒼耳割榛莽
朝陽得終日經歲可無恙老夫終病慵長子幸可仗劬勞愼勿厭
麰餌家共享秋田雨初足已作豐熟想歸來報好音相對開甗釀

夏夜對月

大火直南方萬物委爐炭微雲吐涼月中夜初一浣老人氣如縷
枕簟亦流汗披衣遶中庭星斗嘒相粲鳴蜩思淸露抱葉一長歎
栖鵲亦未安遶樹再三轉我生仰田食候雨占雲漢枵然未可期
無食終誰怨褰帷竟不寐夜氣淨如練愛之不忍觸惟恐朝來散

千葉白蓮花

蓮花生淤泥淨色比天女臨池見千葉譜闘何故空明世無匹銀瓶送佛所清泉養芳潔為我三日住慧然寶床應返極天去

追和張公安道贈別絕句 并引

予年十八與兄子瞻東遊京師是時張公安道守成都一見以國士相許自爾遂結忘年之契公晚事裕陵君臣之義初不淺也既而與用事者異議拂衣而出初守宛邱次守南都予亦以議論不合連從公遊元豐初子瞻以詩獲罪貶居黃州予謫監筠州酒稅公淒然不樂酌酒相命手寫一詩為別曰可憐萍梗

飄浮客自嘆匏瓜老病身從此空齋掛塵榻不知重掃待何人

後七年蒙恩召還復見公南都自是又八年而有升沉之歎時公薨已數年矣及自龍川還潁川姪過出子瞻遺墨中有公所贈章覽之泣下不能止乃追和之

少年便識成都尹中歲仍爲幕下賓待我江西徐孺子一生知己有斯人

欒城第三集卷之一終

欒城第三集卷之二

宋眉山蘇轍子由著

明東吳王執禮子敬　顧天敘禮初　仝校

詩七十一首

遺老齋絕句十二首

杜門本畏人門開自無客孤坐忽三年心空無一物

其二

衆音入我耳諸色過吾目聞見長歷然靈源不受觸

其三

茲心淨無垢尚愛南齋竹當暑得清風泠然若新沐

其四

老檜眞百尺疎竹疑千畝紛紛霰雪中見此歲寒友

其五

栽竹種松檜十年未成陰昔人定知我爲我養南林

其六

久無叩門聲剝啄問何故田中有人至昨夜盈尺雨

其七

我居近西城城枕湖一曲不到平湖上何物禁吾足

其八

北臨鳳凰臺鳳去臺亦圮萋萋脩竹林喈喈何日至

其九

昔我過嵩麓雲移見諸峯重遊未有日想像煙靄中

其十

避事已謝客養性不看書書中多感遇掩卷輙長吁

其十一

人言里中舊獨有陳太丱文若命世人惜哉憂入憂

其十二

巢由老箕山遁世聊可耳臨流愧堯舜又甚陳仲子

移花 八月十六日

種花南堂南堂毀花亦瘁理畦西軒西花好未忍棄慇懃拔陳草秋雨流入地移根傳生土指日春風至花來本陳洛盈尺不爲異力求千葉枝更與一溉水人功誠已盡天巧行可致我老百不爲愛此養花智

服栗

老去日添腰脚病山翁服栗舊傳方經霜斧刃全金氣插手丹田借火光入口鏘鳴初未熟低頭咀嚼不容忙客來爲說晨與晚三

嚥徐收白玉漿

白菊

白菊長先黃菊開年年九日泛新醅猶存古歷標花候不奈時人信手栽得勢從教盈九畹俛眉聊復引三盃愈風明目須眞物能使神農爲爾回

九日家釀未熟

平生不喜飲九日猶一酌今年失家釀節到眞寂寞床頭瀉餘樽畦菊吐微葶洗盞對妻孥肴蔬隨厚薄興來欲徑醉量盡還自却傍人嘆身健省已知脾弱尙有姑射人自守常綽約養生要慈儉

已老慚豐鑠燕居漸忘我杜門奚不樂風麴日已乾濁醪可徐作

南齋獨坐

獨坐南齋久忘家似出家香烟濃作穗茶面結成花細竹才通徑長松初有槎往還眞斷絕一一數歸鴉

西成

野老端相慶西成僅十分寒來多釀酒客過預留饋近事姑求飽遠憂要浪開一壺眞有理終日得醺醺

藏菜

爨清葵芥充朝饍歲晚風霜斷菜根百日園枯未易過一家口衆

復何言多排遣盎先憂盡旋設盤盂未會煩早晚東風到南圃侵

後雪色有新萱

示諸子

諸子才不惡功名舊有言窮愁念父母心力盡田園志在要須命

身閑且養源遊魚脫淵水何處有飛翻

示諸孫

少年真力學云月閑書惟老去渾無賴心空自不知交遊誰識面

文字略存詩笑向諸孫說陳俑非汝師

十一月一日作

晝短圖書看不了夜長鼓角睡難堪老懷騷屑誰爲伴心地空虛成妄談酒少不妨隣叟共病多賴有衲僧諳覺師識病善用藥積陰深厚陽初復一點靈光動自滲

冬至日

陰陽升降自相催齒髮誰教老不回猶有髻珠常照物坐看心火冷成灰酥煎隴坂經年在柑摘吳江半月來官冷無因得官酒老妻微笑潑新醅

除日

年年最後飲屠酥不覺年來七十餘十二春秋新罷詔五千道德

適親書木經霜雪根無蠹船出風波載本虛自怪多年客箕潁毋
因吾黨賦歸歟

臘中三雪

一臘不虛度三雪自相因暗添池上凌稍壓麥中塵餘潤想猶在
苦寒將及春慇懃欲盡酒扶養病衰人

伐雙轂 臘月二十七日作

芳蘭非不嘉當門自宜鋤刈此惡木陰久妨長者車僕夫礪尋斧
告我日方除久持不忍意柯條益扶疎植根雖云固代去會須臾
我塗雖不寬出入自有餘開門聽還往并納賢與愚荒穢一朝盡

來者皆盧徐

上元夜過勸至西禪觀燈

三年不踏門前路今夜仍看屋裡燈照佛有餘長自照澄心無法
便成澄追歡狂客去忘返入定孤僧興不膺更到西禪何所問隔
牆魚鼓正登登

程人信孺表弟剖符單父相遇潁川歸鄉待闕作長句贈別

我生猶及見大門弟兄中外十七人兩家門戶甲鄉黨正如潁川
數孫陳嗈嗈鳴雁略雲漢風吹散落天一垠歸來勉強整毛羽飲
水啄粒傷離羣東西隔絕不敢恨死生相失長悲辛蕭蕭華髮對

妻子往往老淚流衣巾仲叔已盡季亦老雙星孤月耿獨存老夫閉門不敢出喜君三度乘朱輪今春剖符地尤勝不齊自古留芳塵回車訪我念衰老挽衣把臂才逡巡君行到官我未死杖藜便是不速賓一尊酌我當有問此國豈有賢於君（兄弟中惟僕與程八程九在耳）

種松

城郭人家歲寒木檜栢森森映華屋青松介僻不入城野性特嫌塵土辱中庭冉冉盈尺苗條幹雖短風霜足培根不用糞壤厚插竹預防鷄犬觸他年期汝三丈高獨立仙翁毛髮綠老翁自分不及見子孫見汝知遺直

二月望日雪二絶

玄冥留雪惱中春損麥傷花病老人已典布裘捐衲襪朝來酒盡乞比鄰

老翁衰病不憂花百口唯須麥養家聞道田中猶要雪兼收凝白試山茶

遜自淮康酒官歸覲踰旬而歸送行二絶句

官期未滿許寧親平日宦遊無此恩雨遍公田及私畝學書兼得問筠孫

乘田委吏責無多舊學年來竟若何開卷新詩可人意到官無復

廢吟哦

去年秋扇二絕句

篋中秋扇委塵埃春晚炎風拂面來舊物不辭爲世用故人相見臭心猜

扇中秦女舊乘鸞拂去浮塵色尚鮮未盡炎風早歸去不堪秋後乞哀憐

讀舊詩

老人詩思如枯泉轆轤不下甕盎乾舊詩展卷驚三年粲然佳句疑昔賢老來百事不如前蔡羹稻飯嗟獨便飽食餘暇盡日眠安

用琢句愁心肝

堂成不施丹雘唯紙窗水屏蕭然如野人之居偶作

高棟虛窗五月凉客來掃地旋焚香白雲低繞明月覩漲海東流清暑堂病久渴心思沆瀣夢回餘念屬瀟湘老人夫婿修行久此處從今是道場

南齋竹三絶

幽居一室少塵緣妻子相看意自閑行到南窗修竹下悅然如見舊溪山

舊山修竹半塵埃誰種南林待我來新筍出墻秋雨足閉門長與

護蒼苔

里中隹客舊孫陳我自疎慵不見人目倦細書長掩卷心遊法界

四無隣

中秋新堂看月戲作

年年看月茅簷下今歲堂成月正圓自笑吾人強分別不應此月

倍嬋娟虛窗毋怯高風度碧瓦頻驚急雨懸七十老翁渾未慣安

居始覺貴公賢聞都下諸家新建甲第壯麗頃折未有

午寢

食飽年來幸有秋倒床清夢百無憂恐飢終愧首陽客睡足何須

雲夢州冰酒黃封生不喜春芽紫筍向誰求平生尚有書魔在一卷還堪作枕頭

九日陰雨不止病中把酒示諸子三首

旱久翻成霧雨災老人腹疾強啣盃官醅菉豆適初熟籬菊黃花終未開兒女共憐佳節過雞豚恐有故人來衰年此會眞餘幾薄酒無多不用推

其二

九日不能飲呦呦覺胃寒妻孥勸把盞萸菊正堆盤懶極久成病年高終鮮歡道人嫌服藥心息自相安

其三

庭菊兼黃白村醪雜聖賢微吟還自喜不飲信徒然陶亮貧非病

孟嘉醒亦顚相看莫相笑與爾各當年

落葉滿長安分題

有客倦長安秋風正颯然九衢飛亂葉八水凝寒烟搖落南山見

淒涼陋巷偏名園失綠暗清渭泛紅鮮衣信催砧杵狼烽報極邊

長江苦吟處日暮想橫鞭

臘月九日雪三絕句

天公留雪待嘉平飛霰來時聽未明病士擁衾催煖酒閉門不聽

掃瑤瓊

去年家釀不須沽秫米今年絕市無雪沒前山薇蕨盡誰憐無語獨攜鉏

臘中得雪春宜麥甕裡無糟寒惱人未暇樽罍伴隹客先將麪餌許比鄰

己丑除日二首

閱遍時人身亦老卷葹舊歷意茫然髭鬚白盡無添處甲子重來又十年

酒儉不容時一醉堂成且喜夜安眠春秋似是平生事屋壁深藏付後賢

橘紅安穩近誰傳（予舊有腹疾或教服橘皮煎丸經月良愈）鬓雪蕭騷久已然梅柳任教修故事蚕絲聊與祝新年（鄉人以餳啓和麪象梅枝柳葉又以肉雜物爲羹名之曰蚕絲）敲門賀客辭多病守歲諸孫聽不眠粗有官酤供夜飲一瓶渾濁且稱賢

同外孫文九新春五絕句

生人旋貼釵頭勝園父初挑雪底芹欲得春來怕春晚春來會似出山雲

甕中臘腳長憂凍戶外春風那得知酒熟定應花未動舉瓢先對柳千絲

菊葉萱芽初出土凍虀冷麪欲宜人老人脾病難隨汝洗釜磨刀

待晩春

築室恨除千本竹及春先補百株花隔年預與園夫約春雨晴時

問汝家

雪覆西山三頃麥一犁春雨祝天工麥秋幸與人同飽昔日黃門

今老農

上元前雪三絶句

臘中平地雪盈尺嵩隗山田麥尙乾不管上元燈火夜飛花處處

作春寒

閉門不問門前事燈火蕭天自不知聞道朝來雪又下老人今歲未應飢

天公似管人間事近事傳聞半是非但使麥田饒雨雪飢人得飽未相違

上元雪

上元燈火家家辦遍地瓊瑶夜夜深衲被蒙頭眞老病紗籠照佛本無心床頭酒甕恰三斗山下麥田眞百金乞我終年醉且飽端能擁鼻作微吟

春陰

春後誰令百日陰雨淫風橫兩相侵天公未有惜花意野老空存念麥心共怪蘐筠亦黃落終憐老檜獨蕭森過中不克陽安在夏早前知未易禁是春所在竹林皆黃落頃所未見

庭中種花

空庭一無有初種六株花靑桐綠楊柳相映成田家春雨散膏油朝職發萌牙造物知我心初來盡枯槎開花已可貴結子成益佳百事盡如此一生復何嗟我生本窮陋中年旅朝衙失脚墮南海生還夢荒遐築室雖不多於我則已奢松筠伴衰老已矣無復加

曾郞元矩見過逾月聽其言久而不厭追感平昔爲賦詩

胄子相從得佳婿遲初於太學識元矩因有姻議掖垣同直嘉良朋交情不意隔
生死世事休論有廢興宿草芊綿淚入土故琴牢落恨塡膺遠來
似覺淸談勝試問傳家今幾燈

閉門

閉門頴昌市不識頴昌人身閑未易過閑久生暗塵我念作閑計
欲與黃卷親少年病書史未老目先昏掩卷默無言閉月中自存
心光定中發廓然四無鄰不知心已空不見外物紛瞿曇昔嘗云
咄哉不肯信一見勿復失愈久當愈眞

林筍復生

春寒侵竹竹憔悴父老皆云未嘗記偶然雷雨一尺深知爲南園衆君子從地湧出長如人一一便有凌雲氣吾家老圃倦栽接但以歲寒相嫵媚一朝紛紛看黃落嵇阮相過無醉地陰陽往復知有數已病還瘳非卽死呼童徑語隣舍翁種竹未改當年意姚黃左紫終誤人千葉重臺定何事

老栢

栢根可合抱栢身長百尺我年類汝老我心同汝直我貧初無居愛汝買此宅索居懷舊友開軒得三益風中有餘勁雪後不改色我貧不栽花遶屋多種竹全家謬聞道舉目無他物晨興輙相對

知我有懃德

蠶麥

春寒風雨損蠶麥止半熟耕桑未嘗親有獲敢求足隣田老翁嫗囊空庾無粟機張久乏緯食晏惟薄粥熟耕種未下屢禱雲不族私憂止寒餓王事念鞭朴爲農良未易爲吏畏簡牘閉門差似可忍飢有餘福

喜雨

夏田已報七分熟秋稼方憂十日乾好雨徐來不倉卒天公似欲救艱難魃張鷹犬無遺力社近雞豚趁早寒老病隨人幸一飽爐

香無語只長歎

題東坡遺墨卷後

少年喜爲文兄弟俱有名世人不妄言知我不如兄篇章散人間墮地皆瓊英凜然自一家豈與餘人爭多難晚流落歸來分死生晨光迫殘月回顧失長庚展卷得遺草流涕濕冠纓斯文久衰弊涇流自爲淸科斗藏壁中見者空嘆驚廢興自有時詩書付西京

洗竹

寒甚南軒竹半黃晚抽旱筍雜榛荒不嫌毒手千竿盡稍放淸風八月涼短篲只堪除糞壤新萌會看伏牛羊扶持造化須人力早

聽人言布麥糠

寄張芸叟 翁引

張芸叟侍郎編樂府詩相示繼以書問手蹟之故態頗有見憐衰病意作小詩謝之

老矣張芸叟親編樂府詞才高君未覺手蹟我先衰點畫猶無對吟哦今與誰十年酬唱絶歎息得新詩

欒城第三集卷之二終

欒城第三集卷之三

宋眉山蘇轍子由著

明東吳王執禮子敬　顧天叙禮初仝校

詩七十首

兩中秋絶句二首并敘

昔予謫居龍川己卯歲閏九月重九南方初有凉氣予置酒招同巷黃氏老與之對酌作四絶句其卒章曰尉他城下兩重陽白酒黃雞意自長卯飲下床虛已散老年不似少年忙明年蒙恩北歸寓居潁川庚寅歲閏八月遇兩中秋賦兩絶句以繼前

作俛仰十有二年時正苦腹疾秋思索然老病日加亦理勢然矣

潁川城下兩中秋金氣初凝火尚流脾病家人不教飲官厨好酒亦難求

兩逢重九尉他城蜑叟相從倒酒瓶十二年來均寂寞此心南北兩冥冥

贈德仲

我昔見子京邑時鬚髮如漆無一絲今年相見潁昌市霜雪滿面知爲誰敢人分散隔生死子然惟以影自隨憐子肝心如鉄石昔

所謂可今不移世間取舍竟誰是惟有古佛終難欺嗟哉我自不知子意子清淨持律師忽然微笑不言語袖中錦綉開新詩可憐相識二十載終日對面初不知蚌含明珠不肯吐暗行沙底藏光輝蚌為身計良可耳旁人不悟寧非蚩

閏八月二十五日菊有黃花園中粲然奪目九日不憂無菊而憂無酒戲作

年年九日憂無菊今歲床空未有糟世事何嘗似人意天公端解惱吾曹金龜解去瓶應滿玉液傾殘氣尚豪門外白衣還到否今時好事恐難遭

九日三首

瓢尊空挂壁九日若爲歡白髮逃無計黄花開已闌酒慳慙對客風起任飄冠賴有陶翁伴貧居得自寛

其二

解衣換村酒酒薄不須嫌節到勿空過盃行且強拈得閒身尙健適意事難兼醉卧南窗日誰知酸與甜

其三

幼子淮西客雙壺思老人遠來經顧淡細酌喜清醇飲罷遥憐汝歸來早及春南齋昔未有餘似舊時貧

戲題三絕

懊惱嘉榮白髮年逢人依舊唱陽關渭城朝雨今誰聽砑鼓跳踉一破顏

謝傅凄凉已老年胡琴羌笛怨遺賢使君於此雖不俗挽斷髭鬚誰見憐

遍地花鈿歎百年蒼顏白髮意凄然回頭笑指此郎子破賊將來知有天

木氷

老病不眠知夜寒晨興薄氷滿庭前枯榆老柳變精姸細稍如苗

麄如椽風敲碎玉落紛然氷裏槲葉誰雕鐫鄰家父老呼東垣欲
沽官酒囊無錢我自強起試一觀樹稼不見今十年

夜坐

少年讀書目力耗老怯燈光睡常早一陽來復夜正長城上鼓聲
寒考考老僧勸我習禪定跏趺正坐推不倒一心無著徐自靜六
塵消盡何曾掃湛然已似須陁洹久爾不負瞿曇老回看塵勞但
微笑欲度羣迷先自了平生誤與道士遊妄意交梨求火棗知有
毗盧一逕通信脚直前無別巧

老史

口食陽翟粟身衣陽穀絲二物不相即飽暖常不時老史知我窮
一歲一奔馳方暑勸脂車若寒伺來歸嗟我垂老年未免憂寒饑
老史甚忠信但恨性重遲事我三十年閔閔不相離我門了無求
辛苦終不辭平生金石交至此或已攜老史未易得試復養其兒

臘雪次遲韵

冬儲久未辦隹雪爲人留穀豆入高廩薪蒸轉十輛紛紛了歲事
閔閔念農疇家有二頃田一頃種米麰風聲夜中變飛霰曉未休
粗畢今歲寒復免來年憂天公知人心未禱得所求傾瓢有遺酌
起和田中謳

小雪

小雪僅能消膈熱若寒偏解惱衰翁年豐誰使百物貴心淨要令萬事空老去禪功深自覺生來滯運與人同閑中未斷生靈念清夜焚香處處通

土牛

天地非不仁萬物自芻狗土牛適成象逡巡見屠剖田家挽雙角歸理纓絲釜生無負重力死作初耕候碎身本不辭及物稍無負君看劉表牛豈脫曹公手

除夜二首

年年賦除夜一賦一衰殘家有三斗釀春餘半月寒雞豚不改舊
隣里自相歡元日應無客蕭然不著冠

其二

七十三年客相從尚幾年西方他日事東魯一經傳漸解平生縛
初安半夜禪紛紛爭奪際何意此心全

遺老齋南一栢雙餘昔歲坐堂上僅可見也今出屋已尺餘偶

賦

翠栢擢雙幹冉冉出屋危栢長雖云喜我老亦可知若寒之不改色
烈風終自持門閑斷來客相對不相欺

正月十六日

上元已過欲收燈城郭遊人一倍增陌上紅塵霏似霧雲間明月冷如氷誰言世上驅馳客老作庵中寂定僧漏水半消燈火冷長空無滓色澄澄

七十三歲作

一生有志恨無才久爾蕭蕭白髮催力學當年眞自信初心到此未應回舊人化去渾無幾新障重生撥不開七十三年還在否獲麟後事轉難裁

春□月郡人取水邢山二月五日水入城而雨

春旱時聞蘖火然邪山龍老不安眠麥生三寸未覆壠雨過一犁初及泉深愧貧民飢欲死可憐肉食坐稱賢南齋遺老知尤幸湯餅黃虀又一年

龍川道士　廖有象

昔我遷龍川不見平生人傾囊買破屋風雨庇病身頎然一道士野鶴墮雞羣飛鳴閭巷中稍與季子親剌口問生事褰裳觀運斤俛仰忽三年愈久意愈眞送我出重嶺長揖淸江濱方營玉皇宮棟宇期一新成功十年後脫身走中原見公心自足徒步非我勤我歸客箕潁晝日長掩關僕夫忽告我門有萬里賓問其所從來

笑指南天雲心知故人到驚喜不食言我老益不堪惟有二頃田
年年種麥禾僅能免飢寒君來亦何爲助我耕且耘嗟古或有是
今世非所聞

重贈

出家無復家視身等雲浮東西隨風行忽然遍九州君居龍川城
築室星一周屋瓦如翬飛象設具晃旒弟子五六人門徒散林耶
本爲百年計自可一世留胡爲不復顧脫去如敝裘萬里一藤杖
來從故人遊故人病老翁輕重恐未酬疑君了心法萬物皆浮漚
去彼非有嫌來此亦無求是心摩尼珠不受篋笥收故人感君意

一言還信不遠行不爲此浪走非良謀

食櫻筍二首

一旱經春草木焦朱櫻結子獨盈條盤中宛轉明珠滑舌上逡巡絳雪消仰囁佳人露猶濕偷銜啼鳥語尤嬌南方荔子爭先後羞見炎風六月燒

林竹抽萌不忍挑誰家盈束伴晨樵籜龍似欲號無罪食客安知惜後凋不願鹽梅調㸑味姑從律呂應簫韶林間老死雖無用一試冬深雪到腰

西軒畫枯木怪石

西軒素屏開白雲婆娑老桂依霜輪顧兎出走蟾蜍奔河漢蒼海機石蹲牽牛自載倚桂根清風颯然吹四鄰東坡妙思傳子孫作詩髣髴追前人筆墨墮地稱奇珍開藏不聽落泥塵老人讀書眼病昏一看落筆生精神

悟老住慧林

能公住嶺南正觀呼不起忠公客中禁朝恩不為累道人無淨穢所遇忘嗔喜悟公淸淨人心厭紛華地慧林虛法席去有遲遲意投身淤泥中佛法何處是引身山林間過患差無幾力小難自欺心安似無愧悟世常失人違心輒喪已徐行勿與較乗流得坎止

君看淨因指志以直自遂殺身竟何益犯難豈爲智去住本由天毋求亦無避相期明且哲大雅亦如此

蠶麥

春旱麥半熟蠶收僅十分不憂無餅餌已幸有襦裾造化宜憐汝耕桑不謾勤經過話關陝貧病不堪聞

北堂

吾廬雖不華粗有南北堂通廊開十窗爽氣來四方風長日氣遠六月有餘涼兒女避不居留此奉翁娘翁娘髮如絲不耐寒暑傷单衣焦葛輕軟飯菘芥香無客恣卧起有客羅壺觴今年得風痺

摩膏沃椒湯念終捨此去故山松栢著此地亦何爲歲時但烝嘗

秋旅

雨晴秋稼如雲屯豆沒雞兎禾沒人老農歡笑語行路十年儉薄無今晨無風無雨更一月蔾羹黍飯供四鄰天公似許百姓足人事未可一二論窮邊逃卒到處滿燒場入室才遠巡縣符星火雜鞭箠解衣乞與猶怒嗔我願人心似天意愛惜老弱憐孤貧古來堯舜知有否詩書到此皆空文

七夕

火流知節換秋到喜身安林鵲眞安往河橋晩未完得閑心不厭

求巧老應難送酒誰知我瓢樽昨暮乾

食雞頭

風開芡葉鉄爲鬚斧斫沙磨旋付厨細嚼兼收上池水徐嚥還成滄海珠隹客滿堂須一斗閑居賴我近平湖多年不到會靈沼氣味宛然初不殊

秋雨

禾田已熟畏愁霖積潦欲乾泥尚深一雨一涼秋向晩似安似病老相侵人間有盡皆歸物世外無生賴有心要覓塵埃不到處一燈相照夜愔愔

補種牡丹二絕

野草凡花著地生洛陽千葉種難成姚黃性似天人潔糞壤埋根氣不平

換土移根花性安猶嫌入伏午陰煩清泉翠幄非難辦絕色濃香別眼看

曹郎子文赴山陽令

囊空口衆不堪鬧却喜平生得細論鶴髮進封償舊德彩衣聽訟勉平反楚風剽疾觀新政浙水蕭條詠舊恩記取老人臨別語茶瓢霜後早相存

九日三首

九日眞隹節年年長賦詩深慙鶴髮老每與菊花期帽落無人拾酒狂聊自持豐年餘社蠟天意念衰羸

其二

我飲不爲酒黃花競此時茱萸誤辟惡麴蘖助和脾淺酌何勞訴獨醒徒爾爲來年我猶健相對亦如斯

其三

河朔今將到山陽近欲行老懷驚聚散一酌慰平生陋巷連墻从長淮照眼明到官紛訟牒應憶此時情遲歸自河朔節前當至曹邱將赴山陽節后當行

早睡

老人如嬰兒起晏睡常早麤氊薄絮被孤枕自媚好倒床作龜息逡巡輒復覺隔門燈火明髣髴聞語笑杯棬相勸酬往往見譏誚披衣坐跏趺衰老當自了室空窗亦虛半夜明月到老盧下種法從古無此妙根生花輒開得者自不少要須海底行更問藥山老

廳前柏

稺柏如嬰兒冉冉三尺長移根出澗石植餘對華堂重露沁膏沐清風時抑揚我老不耐寒憐汝堪風霜朝夕望爾長尺寸常度量知非老人伴可入諸孫行想見十年後簷前蔚蒼蒼人來顧汝笑

誦我此詩章

十月二十九日雪四首

床頭唧唧糟鳴甕夜半蕭蕭雪打窗擁褐旋驚花著樹潑醅初喜酒盈缸隣翁晨乞米三斗釣戶暮留魚一雙自笑有無今粗足遙憐逐客過重江時逐客有過湖嶺者

龕燈照室久妨睡雪氣侵人不隔窗枕上詩成刱起草槽頭酒滴瑲鳴釭遠來狂客應回去高臥幽人未有雙猶憶新灘泊船處堆蓬積玉撼長江

幽居漫爾存三徑燕坐何妨應六窗老憶舊書時展卷病封藥酒

旋開鈕小圃擺落黃花盡古檜飛鳴白鶴雙珍重老盧留種子蓑

生不復問王江

鶴子一飛超漲海蜂兒終日透晴窗心空莫著書千卷客到長留

酒半缸性命早知元有分文章誰信舊無雙何年結束尋歸路還

看墓頤下飲江

冬日即事

寒日初加一線長臘醅添潑隔羅光新年只願多新酒舊疾微合

變舊方自昔杯棬元窄小得閑筋力尚康強買田種秫貪無計自

有人家為禱禳近來腹疾頗退足疾尚餘一二醫嫂生言舊所用藥須少增損

畫學董生畫山水屏風

承平百事足鴻都無不有策牘試篆隸丹青寫飛走紛然四方集
狐兎萃林藪何人知有益長嘯呼鷹狗奔逃走城邑驚顧念糊口
素屏開白雲稱我茅簷陋濡毫願揮酒峯巒映巖竇巨石連地軸
飛布瀉天漏縈山一徑通過水微橋構山家烟火然遠寺晨鐘叩
僧從何方來行速午齋後有客呼渡船隔水惟病叟聽然法一笑
此處定眞否人生初偶然與此誰夭壽厄窮妄自憐一醉輒日富
客至亦茫然邀我沽斗酒

冬至日作

羲和飛轡留不住小兒逢節喜欲舞人言老翁似小兒烝豚釀酒多爲具潁川本自非吾鄉隣里十年成舊故誰令閉戶謝往還壽酒獨向兒孫舉飲罷蹣跹閉雙目寂然自有安心處心安自謂無老少不知鬚髮已如素似聞錢重薪炭輕今年九九不難數

冬至雪二首

一氣潛萌九地中雪花微落四無風初陽便有回天力宿瘴徐看卷地空家釀再投猶恨薄官酤多取定無功時人淺陋終無益徑就天公借一豐

隹節蕭條陋巷中雪穿窗戶有顏風出迎過客知非病歸對先師

喜屢空黍醽盈瓢終寡味石薪烘灶信奇功頗嫌半夜欺毛褐却喜年來麥定豐

讀樂天集戲作五絕

樂天夢得老相從洛下詩流得二雄自笑索居朋友絕偶然得句與誰同

樂天得法老凝師後院猶存楊柳枝春盡絮飛餘一念我今無累日無思

樂天投老刺杭蘇溪石胎禽載舳艫我昔不爲二千石四方異物固應無

樂天引洛注池塘畫舫飛橋映綠楊溪水隔城來不得不辭策杖
看湖光

樂天種竹自成園我亦墻陰數百竿不共伊家鬬多少也能不畏
雪霜寒

記病

我病在脾胃一病四十年微傷輒暴下傾注如流泉去年醫告我
此病猶可痊試取蟲豆附三物相和丸服之不旬浹病去如醫言醫言
藥有毒病已當速捐我意藥有功服久功則全侵尋作風痺兩足
幾蹣跚徐悟藥過量醫初固云然舊病則已除奈此新病纏醫言

無甚憂煎藥姑捨旃藥毒久自消眞氣從此完鄙夫不信醫私智每自賢咄哉已往咎終身此韋弦

除日二首

屠蘇末後不辭飮七十四人今自希筋力明年應更減誠心憂世久知非脾寒服藥近方驗風痺經冬勢漸微得罪明時歸已晚此生此病任人譏

七十四年明日是三千里外未歸人酒篘泉湧如迎節詩句雲生喜見春賀客不來知我病鄰家竊語笑吾眞時人莫作樂天看燕坐端能畢此身　樂天居洛陽日正與予年相若非齋居道場輒携酒尋花遊賞泉石略無暇日予性拙且懶杜門養

病已僅十年樂天未必能爾也

上元

上元車馬正喧喧老病無聊長掩門不著繁燈眩雙目獨邀明月上前軒跏趺默坐聞三鼓寂寞誰來共一樽已覺城中塵土臭急將清雨洗乾坤

壬辰生日兒姪諸孫有詩所言皆過記胸中所懷亦自作

生日今朝是匆匆又一年讀書真已矣閉月但茫然下種言非妄開花果定圓驅羊舊有法視後直須鞭

白鬚

少年不辨求良藥老病無疑生白鬚下種已遲空悵望無心猶幸省工夫虛明對面誰知我寵辱當前莫問渠自頃閉門今十載此生畢竟得如愚

林筍

竹林遭凍曾枯死春筍連年再發生天與歲寒終倔強澤分淇澳轉敷榮狂鞭已逐草侵徑疎影長隨月到楹嵇阮欲來從我飲開門一笑亦逢迎

西軒種山丹

淮陽千葉花到此三百里城中衆名園栽接比桃李吾廬適新成

西有數畦地秉秋種山丹得雨生可喜山丹非佳花老圃有深意宿根已得土絕品皆可寄明年春陽升盈尺爛如綺居然盜天功信矣斯人智根苗相因依非眞亦非僞客來但一笑勿問所從致

遊西湖

閉門不出十年久湖上重遊一夢回行過閭閻爭問訊忽逢魚鳥亦驚猜可憐舉目非吾黨誰與開尊共一杯歸去無言掩屏臥古人時向夢中來

泛淇水

早歲南遷恨舳艫歸來平地憶江湖半篙春水花千片八尺輕船

酒一壺徐轉城陰平野濶稍通竹徑小亭孤前朝宰相終難得父老咨嗟今亦無自濮溝泛舟至曲水園本文潞公舊物潞公以遺賈魏公今爲賈氏園矣

風痺三作

年老百病生風痺已三作主家長患聾說法仍害脚十年學趺坐從此罷雀躍閉目時自觀寸田飽耕鑿下種本無種服藥亦非藥田熟根自生病去如花落吾生默已定有數誰能却數盡吾則行未應墮冥漠

新作南門

于公決獄多陰功自知有子當三公高作里門車馬通定國精明

有父風飲酒一石耳目聰漢家宰相仍侯封左右中興始且終我家

讀書自我翁恥言法律羞兵戎中年出入黃門中智巧不足稱愚

忠雖云寡過亦無功不忮不求心粗空舉世知我惟天工恃此知

不累兒童作門不痺亦不隆陋巷正與顏生同勢家笑唾儻見容

春旱

舊俸存無幾生齒日益多敝廬雖粗完空廩無麥禾首種三頃田

奈此春旱何誰能持隻雞一酹邪山阿飢寒誰相念幸龍未見訶

去年投虎頭叩門用干戈邂逅一尺雨豈復陰陽和幽明初不隔

誠意豈在多憫然上通天矧此一盤渦雲興雨隨至父老行且歌

感秋扇

團扇經秋似敗荷丹青髣髴舊松蘿一時用舍非吾事舉世炎涼奈爾何漢代誰令收汲黯趙人猶欲用廉頗心知懷袖非安處重見秋風愧恨多

欒城第三集卷之三終

欒城第三集卷之四

宋眉山蘇轍子由著

明東吳王執禮子敬
顧天敘禮初仝校

詩十二首

喜姪邁還家二首

一別匆匆歲五除還家怪我白髭鬚懷中初見孫三世巷口新成宅一區姪房添一男孫子亦葺成㪚廬皆別後事林下酒尊還漫設床頭易傳近看無

老年遊宦眞安往南北相望結草盧

次前韻

心空煩惱不須除白盡年來罷鑷鬚隨俗治生終落落苦心憂世
漫區區居連里巷知安否食仰田園問有無我已閉門還往絕待
乘明月過君廬

喜雨 五月十九日日夏至

一旱經春夏已半好雨通宵曉未收氣爽甦令多病喜來遲未解
老農憂力耕僅足公家取遺秉休違寡婦求時向林間數新竹穉
龍騰上欲迎秋

雨過

東南流注已鳴澗西北非爲僅斂塵人意共懷艱食病天公那有

不仁人雩移已分貧無福雩應方知社有神田里相望無一舍終年苦樂會須勻

溽暑

東風吹開方然薪遊魚出沒一世人隨波上下猶欣欣不識河漢清涼津十年我已不出門可憐倘寄生死濱老知下種功力新開花結子當有辰寒暑一過聊嚬呻至此有道非有神

外孫文九伏中入村膲麥

春田不雨憂無麥入囷得半猶足食伏中一膲不可緩旱日蒼耳猶難得人言春旱夏當潦入伏未保天日好老農經事言不虛防

風防雨如防盜外孫讀書舊有功五言七字傳祖風旋投詩筆到田舍知我老來饞且慵秋田正急車難起汗滴肩頳愧鄰里磨聲細轉雪花飛舉家百口磨牙齒食前方丈我所無烝麪十字或有諸孫歸何用慰勤苦烹雞亦有烝胡盧唐相盧懷愼旣老家居諸公嘗往問疾公設食待客勑庖夫淨去毛勿拗折其項客喜為當食烝鵞鴨也食至乃烝胡盧耳諸公皆不飽公食之殊美

大雨後詠南軒竹二絕句

苦寒壞我千竿綠好雨還催衆筍長病飲雖無嵇阮客瓢尊一試午陰涼

葉開翡翠才通日節竦琅玕不怕風稍放西邊深二丈端如幽谷

茂杯中（竹西有二以隙地筍猶未到）

秋後即事

苦熱眞疑不復涼火流漸見迫西方淸風一夜吹茅屋竹簟今朝避石床露濕中庭菊含蘤水浮西浦稻生芒秋成得飽家家事莫笑農夫喜欲狂

送遲赴登封丞

昔我過嵩陽秋高日重九晨邀同行客共舉登高酒藤蘽生胼胝一覽河山富封壇土消盡中夜捫星斗下山雙足廢欲上知難又回首烟雲中隱約見巖岫未老約來遊何意七十後吾見性靜默

丞邑山路口秋暑山尚煩冬雪山方瘦春山利遊觀安輿即迎父

省事

早歲讀書無甚解晚年省事有奇功自許平生初不錯人言畢竟兩皆空空中有實何人見實際心知與佛同煩惱消除病亦去閉門便了此生中

廣福僧智昕西歸

老人寄東巖蕭然四無隣八尺淸冷泉中有白髮人婆娑弄明月松間夜相賓平生指庚壬終老投此身槃室潁川市西望長悲辛故山比邱僧頸足超峩岷歸塗三千里秋風入衣巾北崦百步外

我夢一室新逃營三間堂木香兩兄尊我師要有時八遊與子覩

悟老非凡僧死礫化金銀歸來味之言見日嘗自陳

欒城第三集卷之四終

欒城第三集卷之五

宋眉山蘇轍子由著　　明東吳王執禮子敬　顧天敘禮初仝校

詩賦銘贊共十首

種藥苗二首 并引

予閑居潁川家貧不能辦肉每夏秋之交菘芥未成則盤中索然或教予種罌粟決明以補其匱寓潁川諸家多未知此故作種藥苗二詩以告之皆四章章八句

種罌粟

築室城西中有圖書窗戶之餘松竹扶踈援棘開畦以毓嘉蔬畦夫告予罌粟可儲罌小如罌粟細如粟與麥皆種與穄皆熟苗堪春菜實比秋穀研作牛乳烹爲佛粥老人氣衰飲食無幾食肉不消食菜寡味柳槌石鉢煎以蜜水便口利喉調養肺胃三年杜門莫適往還幽人衲僧相對忘言飲之一杯失笑欣然我來潁川如遊廬山

種決明

閑居九年祿不代耕肉食不足藜烝藿羹多求異蔬以佐晨烹秋種罌粟春種決明決明明目功見本草食其花葉亦去熱腦有能

益人殆可以飽三嗅不食笑杜陵老老人平生以書爲累夜燈照帷未曉而起百骸未病兩目告瘁決明雖良何補於是自我知非卷去圖書閉目內觀妙見自如聞阿那律無目而視決明何爲適口乎爾

上巳

春服初成日暖溪河漸滿風涼欲復孔門故事略有童冠相將城西百步而近杏花半落草香欣然願與數子臨水一振衣裳故人有酒未酌爲我班荊舉觴我雖少飲不醉未怪遊人若狂春風自爾一月花絮極目飛揚誦詩相勸行樂良士但取無荒

上巳後

上巳已過旬日西湖尚有遊人老人復歸閉戶戶外百事日新呼
童試問築室春晚何日堂成我家舊廬江上隱居三世相因晏子
不願改卜我今已愧先君始有苟合則止已老姑欲安身西望烝
嘗有處傳家圖史常陳門中此外何事世故有耳不聞食訖趺坐
日昃此心皎皎常存萬事汝勿告我婚嫁自畢諸孫

堂成

築室三年堂成可居我初不知諸子勞劬父母老矣風雨未除槖
裝幾何勿問有無伐木於山因此舊廬不約不豐燕處無餘堂開

六楹南北四筵晝明廊然夜冥黯然四鄰無聲布被麤氈身非蚌螺一睡經年夜如何其趺坐蒲安善惡不思此心自圓東廂靖深以奉嘗烝老佛之盧朝香夜燈西廂千卷圖書之林先人所遺子孫是承杖屨經行直如引繩顧視而笑此如我心諸子之室左右吾背將食擊板一擊而會瓜畦芋區分布其外鉏去瓦礫壤而不塊廢井重浚泉眼仍在轆轤雷鳴甘雨時霈園夫能勤家足于菜有客叩門賀我堂成揖客而笑念我平生三世讀書粗免躬耕明窗修竹惟我與兄蔭映茅茨吐論崢嶸猖狂妄行以得此名老而求安匪以爲榮

雙柳

我作新堂中庭蕭然雙柳對峙春陽既應千條萬葉風濯雨洗如美婦人正立櫛髮髮長至地微風徐來掩冉相繆亂而復理垂之爲纓綰之爲結屈伸如意燕雀翔舞蜩螗嘶鳴不召而至淸霜夜落衆葉如剪顏色憔悴永愧松栢歲寒不改見嘆夫子聊同淵明攀條嘯詠得酒徑醉一壓粗給三鱗不去亦如展惠

卜居賦　并引

昔予先君以布衣學四方嘗過洛陽愛其山川慨然有卜居意而貧不能遂予年將五十與兄子瞻皆仕於朝裒橐中之餘將

以成就先志而獲罪於時相繼出走予初守臨汝不數月而南遷道出潁川顧猶有後憂乃留一子居焉曰姑餬口於是旣而自筠遷雷自雷遷循凡七年而歸潁川之西二十里有田一頃而僦廬以居西望故鄉猶數千里勢不能返則又曰姑寓於此居五年築室於城之西稍益買田幾倍其故曰可以止矣蓋卜居於此初非吾意也昔先君相彭眉之間爲歸全之宅指其庚壬曰此而兄弟之居也今子瞻不幸已藏於郟山矣予年七十有三異日當追蹈前約然則潁川亦非予居也昔貢少翁爲御史大夫年八十一家在瑯琊有一子年十二自憂不得歸葬元

帝哀之許以王命辦護其喪譙允南年七十二終洛陽家在巴西遺令其子輕棺以歸今予廢棄久矣少翁之寵非所敢望而允南舊事庶幾可得然平昔好道今三十餘年矣老死所未能免而道術之餘此心了然或未隨物淪散然則卜居之地惟所遇可也作卜居賦以示知者

吾將卜居居於何所西望吾鄉山谷重阻兄弟淪喪顧有諸子吾將歸居歸與誰處寄籍潁川築室耕田食粟飲水若將終焉念我先君昔有遺言父子相從歸安老泉闔歲四十松竹森然諸子送我歷井捫天汝不忘我我不忘先庶幾百年歸掃故阡我師孔公

歸其致一亦入瞿曇老聃之室此心䆗然與物皆寂身則有盡惟
心不沒所遇而安孰匪吾宅西從吾父東從吾子四方上下安有
常處老聃有言夫惟不居是以不去

銅雀硯銘并引

客有遊河朔登銅雀廢臺得其遺瓦以為硯甚堅而澤歸以遺
予為之銘曰
土生萬物而能長存銅雀初成萬瓦雲屯得水而燥得火而堅水
乾火冷而土不遷石質金聲水火則然臺毀榱摧誰使獨全拔榛
得之如見古人為吾硯明窗細氈老倚著書撫之長嘆用捨有時

一愚一賢

壬辰年寫眞贊

潁濱遺民布裘葛巾紫綬金章乃過去人誰與丹青畫我前身遺我後身一出一處皆非吾眞燕坐蕭然莫之與親

管幼安畫贊　并引

予自龍川歸居潁川十有三年杜門幽居無以自適稍取舊畫閱之將求古人而與之友蓋於三國得一人焉曰管幼安寧幼安少而遭亂渡海居遼東三十七年而歸歸於田廬不應朝命年八十有四而沒功業不加於人而予獨何取焉取其明於知

時而審於處已云爾盖東漢之衰士大夫以風節相尚其立志行義賢於西漢然時方大亂其出而應世鮮有能自全者潁川孫文若以智策輔曹公方其擒呂布甆袁紹皆談笑而辨其才與張子房比然至於錫九之議卒不能免其身彭城張子布忠亮剛簡事孫氏兄弟成江東之業然終以直不見容力爭公孫淵事君臣之義殆絶平原華子魚以德量重於曹氏父子致位三公然曹公之殺伏后子魚將命至破壁出后而害之汝南許文休以人物臧否聞於世晚入蜀依劉璋先主將克成都文休逾城出降雖卒以爲司徒而蜀人鄙之此四人者皆一時賢人也

然直已者終害其身而枉已者終喪其德處亂而能全非幼安
而誰與哉舊史言幼安雖老不病著白帽布襦袴布裙宅後數
十步有流水夏暑能策杖臨水盥手足行園圃歲時祀其先人
絮帽布单衣薦饌饋跪拜成禮予欲使畫工以意髣髴畫之昔
李公麟善畫有顧陸遺思今公麟死久矣恨莫能成吾意者姑
爲之贊曰
幼安之賢無以過人子獨何以謂賢賢其明於知時審於處已以
能自全幼安之老歸自東海一畝之宮闔不求通白帽布裙無雩
而風四時烝嘗饋奠必躬八十有四蟬蛻而終少非漢人老非魏

人何以命之天之逸民

欒城第三集卷之五終

欒城第三集之六

宋眉山蘇轍子由著

明東吳王執禮子敬 顧天敘禮初 仝校

蘇文定公第三集卷第六

策問論十五首

□□ 策問

□□□ 問大錢直十行於世僅十年矣物重而錢輕私鑄如雲百物踴貴民病之久矣朝廷知之凡官府之積以數千萬計而民間之蓄不可勝數以民之不易也蓋而不措十損其七聖人仁民之意可謂深矣然議者舊錢耗於盜鑄新泉在者十三而公私百用大率如

故求所以善其後者不可不預講也願著之于篇有司將有採焉

問堯舜周孔之道行於天下無一物而不由無一日而不用而佛之教常與之抗衡於世世主之欲舉而廢之者屢矣而終莫能此豈無故而能然哉諸生皆學道者也請推言其所以然辨其不可去之理與雖不去而無害於世者詳著之于篇

問河朔有橋非古也河流於澶而橋始成南北通行契丹來和自有餘年夫豈偶然也哉今河出於滑古所謂白馬之津也白馬之津是謂官渡渡則可橋則不橋屢成矣而河漲輒敗以虜使之歲至也而不能已朝廷睦鄰之意厚矣而河朔之人或以爲病方今

之討其便安在

問士大夫居閭閻間習知民病其多不可盡言也姑問其六曰何以使民習於孝弟而無邪僻何以使士安於實行而無矯偽何以使吏食其祿而無妄取何以使文符省少而賦斂時辦何以使兵安其戍而無逃叛何以使囹圄空虛而無數赦

問堯憂洚水之害朝多賢者不用而用鯀鯀九年無成功民被其患者多矣武王克商繼于帝乙之元子其賢聞於天下不立而立武庚武庚卒與三監叛幾為周室大患此二聖人者知其不可用而用之耶抑亦未之知耶宜有以辨之

問孔子稱顏子簞食瓢飲不改其樂一時門弟子莫及之者而韓子以此爲哲人之細事子路稱千乘之國師旅饑饉之餘可使有勇而知方孔子目之以政事不以仁許之而孟子以爲賢於管仲孟子韓子之言果得孔子之意矣乎

問三代聖人其所以治天下大者諸侯其次井田其次肉刑自三代之衰強弱相吞而諸侯自滅貧富相并而井田自壞剿刖傷人而肉刑自廢漢唐之間儒者咨嗟太息欲復三代之故而不能者多矣請詳論之此三者誠非耶三代聖人以此治天下凡千有餘年而未嘗變當時亦莫以爲非者誠是耶自漢至今亦數千載時

用時舍追今掃蕩無餘而天下未嘗不治學者宜知其故不可不
論也
問學者皆宗孔孟今考之於書猶有異同之說姑論其一二孔子
之於管仲雖以爲小器而許其九合之仁其於子路雖稱其有折
獄之明無縕袍之恥而知其不得其死至於孟子則高子路下管
仲孔子之於伯夷叔齊以爲古之賢人稱柳下惠言中倫行中慮
辱身至於孟子則皆以爲聖人然則學者
而譏其降志今孔子歟從孟子歟其明言之
問舜命九官凡爲國之政無一不舉歷夏商至周而六官之典備
至於今循之然以今之官考舜之舊而虞稷二官獨廢而不修蓋

耕耨稼穡草木鳥獸皆民之所賴以生而國用之所由以足者而獨無以專治其事豈后稷伯益之官昔爲虛設而舜之所命亦有不切於事者歟可詳論之

問魯自宣公失政三桓竊撫其民至昭公五世不競將逐季氏遂以失國然孔子相定公將隳三都費人不順兵及公側僅而勝之成人拒命伐之不克幾至於亂孔子之爲是何也及其自衛反魯雖爲大夫不任其事矣季氏將用田賦使冉有訪焉默而不答然齊有田氏之禍則沐浴而朝請舉兵討之夫哀公君臣非能正鄰國之亂者孔子之爲是亦何也

問郊祀天地見於詩書固有國之常禮也三代既衰禮失其舊秦漢之間祀五畤封太山禮汾陰雜出於郊祀之外儒者以爲此禮之大者然五畤廢於漢元封禪止於晉武當時自以爲賢於秦漢今將考論其實此三者於唐虞三代抑嘗行之乎所謂封禪七十二君亦可信乎秦不足言漢之諸儒初不言封禪封禪之端發於相如相如之言抑可信乎

問　祖宗承五代之餘禮樂未完學校未立其所以爲天下者皆漢唐之遺事也然自今觀之其削平僭亂攘却夷狄戰必勝攻必取及天下已平祥符景德之間百姓家給人足相賢將勇中外無

事朝廷有諍臣州郡有循吏至於文章之盛至與漢唐相若敢問其所以致此者何也今自十有餘年禮樂學校之政幾亦新矣其將追繼祖宗而止耶漢唐不足言其於三代其亦庶幾矣乎

問桓文五伯之盛也方是時楚以諸侯而僭稱王召陵之會桓公責包茅之不入而不及其僭柯之盟曹沫兵劫桓公以求侵地而桓公不以爲罪城濮之戰文公以君避臣而不以爲恥圍鄭之役秦伯私與鄭盟引兵先歸而文公不討其貳敢問伯者之盛固若是而可乎

問人之所同好者生也所同貴者位也所同欲者財也天下之大

情盡於是矣然此三者常相爲用生者人之本也無財則無以生無位則無以養生而理財作易者葢知此矣旣言三者而參之以仁義其旨安在

問賢不肖之不能相及雖父子兄弟之間有不免焉堯舜之朱均周公之管蔡葢無足疑者至於孔子門弟子三千餘人其所謂賢者十人而已此十人者與孔子周旋於天下久者數十年其歷試而詳觀之者審矣然子路事衛出公莊公自晉反衛刼孔悝而盟之子路爲孔悝攻莊公於臺上不知父子之爭國不可也田常亂齊宰我助田氏以陷於大戮此二人者亦何爲立於孔氏之門乎

問善爲國者惟其稱耳其取士也因官而取人故士無溢員其用財也量入以爲出故財無不足其治邊也量力而闢土故邊無不守今也取士日廣則官不能容用財無藝則常賦不足開邊日遠則見兵愈勞將以救此蓋有舉意而辦者亦有改途易向雖久而不能辦者試詳論之

論一首

□□□ 觀會通以行典禮論

論曰事物之變紛紜雜出若不可知然而有至理存焉禍福治亂之際傾側多故若不可處然而有夷路存焉世之人不知至理之

所在也迷而妄行於是有風波作於平地親戚化爲仇怨者矣聖人不然虛心以待物物至而情僞畢陳於前夫知所以御之是以遇繁而若一履險而若夷未嘗有所難者易曰聖人有以見天下之動而觀其會通以行其典禮繫辭焉以斷其吉凶是故謂之爻會通者理之所出也典禮者其所以接物也易有八卦重而爲六十四卦有六爻爻之多至於數百皆聖人指會通以示人陳典禮以教人者也今將言之其多不可勝舉姑以乾坤明之乾之初不潛則危其身四不躍則喪其功二不田則無以廣其德五不天則無以利於人至於坤之初警之以履霜其上戒之以龍戰其三教

之以無成其四愼之以括囊凡易之談會通而陳典禮者可以類
求矣舜之爲庶人也父頑母嚚象傲艱哉舜之處於其家也周公
之爲冢宰也外則管蔡讒之以爲將不利於孺子內則成王疑之
殆哉周公之立於其朝也然四岳之稱舜曰烝烝乂不格姦詩人
之美周公曰狼跋其胡載疐其尾公孫碩膚赤舃几几盖舜與周
公臨天下之至變履天下之大艱而泰然如拱揖於廟堂之上跪
起於尊俎之間可不謂善觀會通以行典禮也哉昔庖丁之論解
牛曰良庖歲更刀割也族庖月更刀折也今臣之刀十九年矣而
刀刃若新發於硎彼節者有間而刀刃無厚以無厚入有間恢恢

乎其於游刃必有餘地矣葢聖人之於事如庖丁之於牛知之明故處之暇處之暇故事無不濟者此其所以爲聖人也謹論

蘇文定公第三集卷第六

欒城第三集卷之六 終

欒城第三集卷之七

宋眉山蘇轍子由著　　明東吳王執禮子敬　顧天敘禮初　仝校

蘇文定公第三集卷第七

論語拾遺　并引

予少年爲論語略解，子瞻謫居黃州，爲論語說，盡取以往，今見於書者十二三也。大觀丁亥，閑居潁川，爲孫籀、簡、筠講論語，子瞻之說意有所未安，時爲籀等言，凡二十有七章，謂之論語拾遺，恨不得質之子瞻也。

巧言令色，世之所說也；剛毅木訥，世之所惡也。惡之斯以爲不仁矣仁者直道而行無求於人望之儼然卽之也溫聽其言也厲而何巧言令色之有彼爲是者將以濟其不仁爾故曰巧言令色鮮矣仁又曰剛毅木訥近仁

子貢曰貧而無諂富而無驕何如子曰可也未若貧而樂富而好禮者也夫貧而無諂富而無驕亦可謂賢矣然貧而樂雖欲諂不可得也富而好禮雖欲驕亦不可得也子貢聞之而悟曰士之至於此者抑其切磋琢磨之功至也歟孔子善之曰賜也始可與言詩已矣告諸往而知來者舉其成功而告之而知其所從來者所謂聞一以知二也歟

易曰無思無爲寂然不動感而遂通天下之故詩曰思無邪孔子取之二者非異也惟無思然後思無邪有思則邪矣火必有光心必有思聖人無思非無思也外無物內無我物我既盡心全而不亂物至而知可否可者作不可者止因其自然而吾未嘗思未嘗爲此所謂無思無爲而思之正也若夫以物役思皆其邪矣如使寂然不動與木石爲偶而以爲無思無爲則亦何以通天下之故也哉故曰思無邪思馬斯徂苟思馬而馬應則凡思之所及無不應也此所以爲感而遂通天下之故也

終日不食終夜不寢致力於思徒思而無益是以知思之不如學

也故十有五而志于學則所由適道者順矣由是而適道知道而未能安則不能行不能行則未可與立惟能安能行乃可與立故三十而立可與立矣遇變而惑則雖立而不固故四十而不惑則可與權矣物莫能惑人不能遷則行止與天同吾不違天而天亦莫吾違也故五十而知天命人之至於此也其所以施於物而行於人者至矣然猶未也心之所安耳目接於物而有不順焉以心御之而後順則其應必疑故六十而耳順耳目所遇不思而順矣然猶有心存焉以心御心乃能中法惟無心然後從心而不踰矩故七十而從心所欲不踰矩

我與物爲二君子之欲交於物也非信而自入矣譬如車輪輿既具牛馬既設而判然二物也夫將何以行之惟爲之輗軏以交之而後輪輿得籍於牛馬也輗軏轅端持軛者也故曰人而無信不知其可也大車無輗小車無軏其何以行之哉車與馬得輗軏而交我與物得信而交金石之堅天地之遠苟有誠信無所不通吾然後知信之爲輗軏也

不仁而久約則怨而思亂久樂則驕而忘患故曰不仁者不可以久處約不可以長處樂然則何所處之而可曰仁人在上則不仁者約而不怨樂而不驕管仲奪伯氏駢邑三百飯蔬食沒齒無怨言

而至於不仁則物有以害之也君子無終日之間違仁造次必於
薪之未盡也人必有烟土去則水無不清薪盡則火無不明矣人
性之必仁如水之必清火之必明然方土之未去也水必有泥方
矣無惡也其於不仁也惡之而已
其無蔽也夫然猶有惡也無所不愛則無所惡矣故曰苟志於仁
愛有所不愛無蔽者無所不愛矣子曰惟仁者能好人能惡人以
仁者無所不愛人之至於無所不愛也其蔽盡矣有蔽者必有所
哉
與豎刁易牙俱事桓公終仲之世二子皆不敢動而況管仲之上

三

是顛沛必於是非不違仁也外物之害既盡性一而不雜未嘗不
仁也若顏子者性亦治矣然而土未盡去薪未盡化力有所未逮
也是以能三月不違仁矣而未能遂以終身其餘則土盛而薪強
水火不能勝是以日月至焉而已矣故顏子之心仁人之心也不
幸而死學未及究其功不見於世孔子以其心許之矣管仲相桓
公九合諸侯一匡天下此仁人之功也孔子以其功許之矣然而
三歸反坫其心猶累於物此孔顏之所不爲也使顏子而無死切
而磋之琢而磨之將造次顛沛於是何三月不違而止哉如管仲
生不由禮死而五公子之禍起齊遂大亂君子之爲仁將取其心

乎將取其功業二者不可得兼使天相人以顏子之心收管仲之功庶幾無後患也夫

孔氏之門人其聞道者亦寡耳顏子曾子孔門之知道者也故孔子歎之曰朝聞道夕死可矣苟未聞道雖多學而識之至於生死之際未有不自失也苟一日聞道雖死可以不亂矣死而不亂而後可謂學矣

孔子歷試而不用慨然而歎曰道不行乘桴浮於海從我者其由歟此非孔子之誠言蓋其一時之歎云爾子路聞之而喜子路亦豈誠欲入海者耶亦喜孔子之知其勇耳子曰由也好勇過我無

所取材盖曰無所取材以爲是桴也亦戲之云爾雖聖人其與人
語未免有戲也
令尹子文三仕爲令尹無喜色三巳之無慍色孔子以忠許之而
不與其仁崔子弑其君陳文子有馬十乘棄而違之孔子以淸許
之而不與其仁此二人者皆春秋之賢大夫也而孔子不以仁與
之孔子之以仁與人也固難殷之三仁孤竹君之二子至於近世
惟齊管仲然後以仁許之如令尹子文陳文子雖賢未可以列於
仁人之目故冉有子路之政事公西華之應對與子文之忠文子
之淸一也臧文仲魯之君子也其言行載於魯而孔子少之曰臧

文仲不仁者三不智者三下展禽廢六關妾織蒲三不仁也作虛器縱逆祀祀爰居三不智也捨是六者其餘皆仁且智也歟孔子曰君子而不仁者有矣夫君子而不仁則臧文仲之類歟

孔子居魯陽貨欲見而不往陽貨時其亡也而饋之豚孔子亦時其亡也而往拜之遇諸塗與孔子三言孔子答之無違孔子豈順陽貨者哉不與之較耳孟子曰當是時陽貨先豈得不見夫先之而必答禮之而必報孔子亦有不得已矣孔子之見南子如見陽貨必有不得已焉子路疑之而孔子不辯也故曰予所否者天厭之天厭之以爲世莫吾知而自信於天云爾

泰伯以國授王季逃之荆蠻天下知王季文武之賢而不知泰伯之德所以成之者遠矣故曰泰伯其可謂至德也已矣三以天下讓民無得而稱焉子瞻曰泰伯斷髮文身示不可用使民無得而稱之有讓國之實而無其名故亂不作彼宋宣魯隱皆存其實而取其名者也是以宋魯皆被其禍予以爲不然人患不誠誠無爭心苟非豺狼孰不順之魯之禍始於攝而宋之禍成於好戰皆非讓之過也漢東海王彊以天下授顯宗唐宋王成器以天下讓玄宗兄弟終身無間言焉豈亦斷髮文身子貢曰泰伯端委以治吳仲雍繼之斷髮文身孰謂泰伯斷髮文身示不可用者太史公以

意言之耳

子曰三年學不至於穀不易得也穀善也善之成而可用如穀苗之實而可食也盡其心力於學三年而不見其成功者世無有也

武王曰予有亂臣十人孔子曰才難不其然乎唐虞之際於斯爲盛有婦人焉九人而已婦人者太姒也然則武王蓋臣其母乎古者婦人既嫁從夫夫死從子故春秋書魯僖公之母曰秦人來歸僖公成風之襚太姒雖母以九人故謂之臣可也

或問子西孔子曰彼哉彼哉鄭公孫夏無足言者蓋非所問也楚令尹子西相昭王楚以復國而孔子非之何也昭王欲用孔子

西知孔子之賢而疑其不利楚國使聖人之功不見於世所以深
疾之也世之不知孔子者衆矣孔子未嘗疾之疾其知我而疑我
耳

陳成子弒簡公孔子沐浴而朝告於哀公曰陳恒弒其君請討之
公曰告夫三子孔子曰以吾從大夫之後不敢不告也君曰告夫
三子之三子告不可孔子曰以吾從大夫之後不敢不告也孔子
爲魯大夫鄰國有弒君之禍而恬不以爲言則是許之也哀公三
桓之不足與有立也孔子既知之矣知而猶告以爲雖無益於今
日而君臣之義猶有儆於後世也子贈曰哀公患三桓之偪嘗欲

以越伐魯而去之以越伐魯豈若從孔子而伐齊既克田氏則魯公室自張三桓將不治而自服此孔子之志也子以爲不然古之君子將有立於世必先擇其君齊桓雖中主然其所以任管仲者世無有也然後九合之功可得而成今哀公之妄非可以望桓公也使孔子誠克田氏而返將誰與保其功然則孔子之憂顧在克齊之後此則孔子之所不爲也

孔子以禮樂遊於諸侯世知其篤學而已不知其他犁彌謂齊景公曰孔丘知禮而無勇若使萊人以兵劫魯侯必得志焉衛靈公之所以待孔子者始亦至矣然其所以知之者猶犁彌也久而厭

之將儆之以其所不知盍問陳焉孔子知其決不用也故明日而
行使誠用之雖及軍旅之事可也

道之大充塞天地贍足萬物誠得其人而用之無所不至也苟非
其人道雖存七尺之軀有不能充矣而況其餘乎故曰人能弘道
非道弘人

羣居終日言不及義此里巷之鄙夫直情而恣行者也而孔子何
難焉蓋知不義之可惡而欲以小惠徼譽於世世必以是取之此
孔子之所難也

古之教人必以學學必教之以道道有上下其形而上者道也其

形而下者器也君子上達知其道也小人下達得其器也上達者不私於我不役於物故曰君子學道則愛人下達者知義之不可犯禮之不可過故曰小人學道則易使也如使人而不知道雖至於君子有不仁者矣小人則無所不至也故曰君子而不仁者有矣失未有小人而仁者也

有道者不知貧富之異貧而無怨富而無驕一也然而飢寒切於身而心不動非忘身者不能故曰貧而無怨難富而無驕易

弟子入則孝出則弟謹而信汎愛衆而親仁行有餘力則以學文

孝弟忠信汎愛而親仁皆其質也有其質矣而無學以文之者皆

未免於有過也故曰好仁不好學其蔽也愚好智不好學其蔽也蕩好信不好學其蔽也賊好直不好學其蔽也絞好勇不好學其蔽也亂好剛不好學其蔽也狂此六者皆美質也而無學以文之則其病至此故曰十室之邑必有忠信如丘者焉不如丘之好學也質如孔子而不知學皆六蔽之所害蓋無足怪也人生於欲不知道者未有不爲欲所蔽也故曰人之少也血氣未定戒之在色始學者未可以語道也故古之教者必始於周南召南周南召南知欲之不可已而道之以禮以禮濟欲夫是以樂而不淫始學者安焉由是以免於蔽子謂伯魚曰汝爲周南召南矣乎人而不爲

周南召南其猶正牆面而立者也歟言欲之蔽也
古之傳道者必以言達者得意而忘言則言可尚也小人以言害
意因言以失道則言可畏也故曰予欲無言聖人之教人亦多術
矣行止語默無非教者子貢習於聽言而未知其餘也故曰予如
不言則小子何述焉子曰天何言哉四時行焉百物生焉夫豈無
以感而通之乎
衛靈公以南子自汙孔子去魯從之不疑季桓子以女樂之故三
日不朝孔子去之如避寇讐子瞻曰衛靈公未受命者故可季桓
子已受命者故不可予以爲不然孔子之世諸侯之過如衛靈公

哉自

多矣而可盡去乎齊人以女樂間孔子魯君大夫既食餌矣使孔子安而不去則坐待其禍無可爲矣非衛南子之比也

君子無所不學然而不可勝志也必有所一而後可志無所一雖博猶雜學也故曰博學而篤志將有問也必切其極退而思之必自近者始不然疑而不信也君子之道造端乎夫婦及其至也察乎天地自夫婦之所能而思之可以知聖人之所不能也故曰切問而近思君子爲此二者雖不爲仁而仁可得也故曰仁在其中矣

蘇文定公第三集卷第七

欒城第三集卷之七終

欒城第三集卷之八

宋眉山蘇轍子由著　　明東吳王執禮子敬　顧天敘禮初　仝校

蘇文定公第三集卷第八

□□雜說四首

□□□易說三首

一陰一陽之謂道繼之者善也成之者性也何謂道何謂性請以子思之言明之子思曰喜怒哀樂之未發謂之中發而皆中節謂之和中也者天下之大本也和也者天下之達道也致中和天地位焉萬物育焉中者性之異名也性者道之所寓也道無所不在

其在人爲性性之未接物也寂然不得其朕可以喜可以怒可以
哀可以樂特未有以發耳及其與物接而後喜怒哀樂更出而迭
用出而不失節者皆善也所謂一陰一陽者猶曰一喜一怒云爾
言陰陽喜怒皆自是出也散而爲天地斂而爲人言其散而爲天
地則曰天地位焉萬物育焉言其斂而爲人則曰成之者性其實
一也得之於心近自四支百骸遠至天地萬物皆吾有也一陰一
陽自其遠者言之耳

大衍之數五十其用四十有九此何數也曰一氣判而爲天地分
而爲五行易曰天一地二天三地四天五地六天七地八天九地

十此十者天地五行自然之數雖聖人不能加損也及文王重易將以揲蓍則取其數以爲蓍數曰大衍之數五十大衍云者大衍五行之數而取其五十云爾用於揲蓍則可而非天地五行之全數也故繼之曰天數五地數五五位相得而各有合天數二十有五地數三十凡天地之數五十有五此所以成變化而行鬼神也明此天地五行之全數古之聖人知之所以配天地參陰陽其用有不可得而知者非蓍數之所及也及予瞻論易乃以蓍數之故而損天地五行之全數以合之爲之說曰大衍之數五十者五不特數以爲在六七八九之中也言十則一二三四在其中言六七

八九則五在其中矣一二三四在十中然而特見者何也水火木金特見於四時而土不特見故土無定位無成名無專氣夫五行迭用於四時其不特見者均也謂土不特見此野人之說也今謂五行之數止於五十是天五爲虛語天數不得二十有五天地之數不得五十有五而可乎且土之生數旣不得特見而其成數又以水火木金當之是土卒無生成數也使土無生成數則天地之數四十而已尙何五十之有且天地五行之數人之所不與也今也欲取則取欲去則去是以意命五行也蓋天以一生水地以二生火天以三生木地以四生金天以五生土五行旣生矣而未及

成地安於下天運於上則五位相得而各有合地以五合一而水成天以五合二而火成地以五合三而木成天以五合四而金成地以五合五而土成天之所生不得地五則不成地之所生不得天五亦不成此陰陽之至情而古今之定論非臆說也且土之在天地四行之所賴以成而土之賴於四行者少其實可視而知不可誣也今將求合蓍數而黜土其爲說疏矣

夫乾天下之至健也德行常易以知險夫坤天下之至順也德行常簡以知阻乾之健坤之順皆其材之自然也譬如鳥之能飛魚之能游非有使之者也乾以其健濟天下之險坤以其順濟天下

之阻皆有餘矣然而或亦不濟如鳥之能飛而困於弋魚之能游
而斃於網健順之不可恃者亦若是矣且天下之險阻果安在乎
物固有強弱有遠近有高下有好惡有向背有取舍此爭之端而
險阻之所出也方其不爭乘之以至健和之以至順無不濟也遇
其方爭健能勝之順能說之尚可也不能勝不能說而險阻作矣
然則何爲而可易曰夫乾確然示人易矣夫坤隤然示人簡矣健
而無心者其德易其形確然順而無心者其德簡其形隤然易簡
積於中而確然隤然者著於外吾信之物安之雖險阻在前而無
不知知之至則渙然冰釋無能爲矣此則易簡之功而非健順之

所及也易曰易簡而天下之理得矣天下之理得而成位乎其中矣物得其理則吾何爲哉亦位於其中而已矣

□□□洪範五事說一首

昔禹觀洛書而得九疇之次初一曰五行次二曰敬用五事二者天人之道而九疇之源本也漢劉向父子始采諸儒之說而作五行傳其論五事失其實者過半後世因之予以爲不然乃爲之說曰五行天事也五事人事也五行之先後以天事言之五事之先後以人事言之天以一生水地以二生火天以三生木地以四生金天以五生土此五行之所以爲先後也人之生也形色具而聲

氣繼之形氣具而視聽繼之形氣視聽具而喜怒哀樂之變至喜
怒哀樂旣至而思生焉喜怒哀樂之未至則無思也無爲也無思
無爲則性也性非五事而五事之所依也故形色爲貌聲氣爲言
目爲視耳爲聽心爲思此五事之所以爲先後也畜爲五藏發爲
五事以應五行故脾之發爲貌而主土肺之發爲言而主金肝之
發爲視而主木腎之發爲聽而主水心之發爲思而主火自黃帝
以來知醫者言之詳矣捨此則無以治病無以生殺人也漢儒之
說以言爲金以聽爲木則亦旣得之矣至於以貌爲木以視爲火
以思爲土則不可何以言之土之爲物形色先具而水火木金附

焉故形色之著者莫如土土實爲脾皮肉筋骨髓腦垢色皆土之屬而脾之餘也此佛之所謂地大者也其於人爲貌貌之德恭恭之至肅肅則土得其性土得其性則能勝水故其休徵時雨肅之反爲狂狂則土失其性土失其性則不能勝水故其咎徵常雨肺之於人氣之所從出入也方其有氣而未聲則無以接物而物亦莫之喻也氣至於有聲聲成言言出而物從之矣故言之德從從之至乂語曰出辭氣斯遠鄙悖矣詩曰辭之輯矣民之洽矣辭之懌矣民之莫矣言之能乂如暘之能晞出而物莫之違也物之有聲者莫如金故言主金乂則金得其性金得其性故其休徵時暘

晢

乂之反爲僭僭則金失其性金失其性故其咎徵常暘物之能視
者有待於日日入則視無以致其用及其升於東方然後視者皆
明木位於東而日之所從見也故視主於木而木爲肝視之德明
明之至哲哲則木得其性木得其性故其休徵時燠哲之反爲豫
豫則木失其性木失其性故其咎徵常燠目施明於外者也耳納
聰於內者也明施於外則爲燠聰納於內則爲寒寒水之性也受
天下之言而無所不容故其德聰聰之至則謀謀則水得其性水
得其性故其休徵時寒謀之反爲急急則水失其性水失其性故
其咎徵常寒心虛而應物者也火無形而離於物者也二者其德

同同故無所不照心之用思思則得之不思則不得也及其至也無思無爲寂然不動感而遂通天下之故由思而至於無思則復於性矣復於性則出於五事之表此聖人所以參天地通鬼神而不可知者也故思之德睿睿之至聖其功行於萬物無所不入而不知其所以入惟風亦然易曰風自火出家人聖則火得其性火得其性故其休徵時風聖之反爲蒙蒙則火失其性火失其性故其咎徵常風此五者洛書之本說與黃帝之遺書合醫者由之至于今不變而漢之諸儒反之此智者之所太息也

□□□詩病五事

李白詩類其爲人駿發豪放華而不實好事喜名不知義理之所在也語用兵則先登陷陣不以爲難語游俠則白晝殺人不以爲非此豈其誠能也哉白始以詩酒奉事明皇遇讒而去所至不改其舊永王將竊據江淮白起而從之不疑遂以放死今觀其詩固然唐詩人李杜稱首今其詩皆在杜甫有好義之心白所不及也漢高帝歸豐沛作歌曰大風起兮雲飛揚威加海内兮歸故鄉安得猛士兮守四方高帝豈以文字高世者哉帝王之度固然發於其中而不自知也白詩反之曰但歌大風雲飛揚安用猛士守四方其不識理如此老杜贈白詩有細論文之句謂此類也哉

大雅綿九章初誦太王遷豳建都邑營宮室而已至其八章乃曰肆不殄厥慍亦不隕厥問始及昆夷之怨尚可也至其九章乃曰虞芮質厥成文王蹶厥生予曰有疏附予曰有先後予曰有奔奏予曰有禦侮事不接文不屬如連山斷嶺雖相去絕遠而氣象聯絡觀者知其脈理之爲一也蓋附離不以鑿枘此最爲文之高致耳老杜陷賊時有詩曰少陵野老吞聲哭春日潛行曲江曲江頭宮殿鎖千門細柳新蒲爲誰綠憶昔霓旌下南苑苑中萬物生顏色昭陽殿裏第一人同輦隨君侍君側輦前才人帶弓箭白馬嚼齧黃金勒翻身向天仰射雲一箭正墜雙飛翼明眸皓齒今何在

血汙游魂歸不得清渭東流劍閣深去住彼此無消息人生有情
淚霑臆江水江花豈終極黃昏胡騎塵滿城欲往城南忘南北子
愛其詞氣如百金戰馬注坡驀澗如履平地得詩人之遺法如白
樂天詩詞甚工然拙於紀事寸步不遺猶恐失之此所以望老杜
之藩垣而不及也
詩人詠歌文武征伐之事其於克密曰無矢我陵我陵我阿無飲
我泉我泉我池其於克崇曰崇墉言言臨衝閑閑執訊連連攸馘
安安是類是禡是致是附四方以無侮其於克商曰維師尚父時
惟鷹揚諒彼武王肆伐大商會朝清明其形容征伐之盛極於此

矣韓退之作元和聖德詩言劉闢之死曰宛宛弱子赤立傴僂牽頭曳足先斷腰膂次及其徒體骸撐柱末乃取闢駭汗如瀉揮刀紛紜爭切膾脯此李斯頌秦所不忍言而退之自謂無愧於雅頌何其陋也

唐人工於爲詩而陋於聞道孟郊嘗有詩曰食薺腸亦苦強歌聲無歡出門如有礙誰謂天地寬郊耿介之士雖天地之大無以安其身起居飲食有戚戚之憂是以卒窮以死而李翶稱之以爲郊詩高處在古無上平處猶下顧沈謝至韓退之亦談不容口甚矣唐人之不聞道也孔子稱顏子在陋巷人不堪其憂回也不改其

樂回雖窮困早死而非其處身之非可以言命與孟郊異矣

聖人之御天下非無大邦也使大邦畏其力小邦懷其德而已非無巨室也不得罪於巨室巨室之所慕一國慕之矣魯昭公未能得其民而欲逐季氏則至於失國漢景帝患諸侯之強制之不以道削奪吳楚以致七國之變竭天下之力僅能勝之由此觀之大邦巨室非爲國之患患無以安之耳祖宗承五代之亂法制明具州郡無藩鎮之強公卿無世官之弊古者大邦巨室之害不見於今矣惟州縣之間隨其大小皆有富民此理勢之所必至所謂物之不齊物之情也然州縣賴之以爲強國家恃之以爲固非所當

憂亦非所當去也能使富民安其富而不橫貧民安其貧而不匱
貧富相恃以爲長久而天下定矣王介甫小丈夫也不忍貧民而
深疾富民志欲破富民以惠貧民不知其不可也方其未得志也
爲兼并之詩其詩曰三代子百姓公私無異財人主擅操柄如天
持斗魁賦予皆自我兼并乃姦回姦回法有誅勢亦無自來後世
始倒持黔首遂難裁秦王不知此更築懷淸臺禮義日以媮聖經
久堙埃法尚有存者欲言時所咍俗吏不知方掊克乃爲才俗儒
不知變兼并可無摧利孔至百出小人私闔開有司與之爭民愈
可憐哉及其得志專以此爲事設靑苗法以奪富民之利民無貧

富兩稅之外皆重出息十二吏緣爲姦至倍息公私皆病矣呂惠卿繼之作手實之法私家一毫以上皆藉於官民知其有奪取之心至於賣田殺牛以避其禍朝廷覺其不可中止不行僅乃免於亂然其徒世守其學刻下媚上謂之享上有一不享上皆廢不用至於今日民遂大病源其禍出於此詩蓋昔之詩病未有若此酷者也

蘇文定公第三集卷第八

欒城第三集卷八終

欒城第三集卷之九

宋眉山蘇轍子由著

明東吳 王執禮子敬 顧天敘禮初 仝校

蘇文定公第三集卷第九

□□□書傳燈錄後

予久習佛乘知是出世第一妙理然終未了所從入路頃居淮西觀楞嚴經見如來諸大弟子多從六根入至返流全一六用不行混入性海雖凡夫可以直造佛地心知此事數年於茲矣而道久不進去年冬讀傳燈錄究觀祖師悟入之理心有所契手必錄之寘之坐隅蓋自達磨以來付法必有偈偈中每有下種生花之語

至六祖得衣法南邁有明上坐者追至嶺上知衣不可取悔過求法祖誨之曰汝諦觀察不思善不思惡正恁麼時阿那箇是明上坐本來面目明卽時大悟遍體流汗曰頃在黃梅隨衆實不省自己本來面目今蒙指示入處如人飲水冷暖自知祖知明已悟教之善自護持而已及內侍薛簡問祖心要祖亦曰一切善惡都莫思量自然得入清淨心體湛然常寂妙用恆沙簡亦豁然大悟予釋卷歎曰祖師入處儻在是耶旣見本來面目心能不忘護持不捨則所謂下種也耶譬諸草木種子若置之虛空不投地中雖經百千歲何緣得生若種之地中潤之以雨露暵之以風日則開花

結子數日可待六祖常謂大眾汝等諸人自心是佛外無一物而能建立皆是本心生萬種法因教之以一相一行三昧曰若人於一切處不住相於彼相中不生憎愛亦無取捨不念利益成壞等事安閑恬靜虛融澹泊此名一相三昧若於一切處行住坐臥純一直心不動道場眞成淨土此名一行三昧若人具二三昧如地有種含藏長養成就其實今說法猶如時雨普潤大地汝等佛性譬諸種子遇茲沾洽悉得發生承吾旨者決獲菩提依吾行者決證妙果一相一行三昧則治地法也予至此復歎曰祖師之言備矣而人自不知雖知未必能行如予蓋知而未能行者也昔李習

之嘗問戒定慧於藥山藥山曰公欲保任此事須於高高山頂坐

深深海底行如閨閣中物捨不得便爲滲漏予欲書此言於紳庶

幾不忘也凡諸方妙語昔人有未喻者予輒爲釋之錄之於左凡

十二章大觀二年二月十三日書

佛說法有一女人忽來問訊便於佛前入定文殊師利近前彈指

出此女人定不得又托升梵天亦出不得佛曰假使百千文殊亦

出此女人定不得下方有網明菩薩能出此定須臾網明便至問

訊佛了去女人前彈指一聲女人便從定而起頴濱老曰有心要

出此女人定雖是文殊親托往梵天也出不得無心要出此女人

定一彈指便了

僧問老宿師子捉兎亦全其力捉象亦全其力未審全箇甚麼力老宿曰不欺之力頴濱老曰師子捉兎時亦全用一箇師子力捉象時亦全用一箇師子力不爲兎小象大而有差别若有差别則物有大於象者師子捉不得矣菩薩斷取三千大千世界置右掌中如持針鋒舉一棗葉卽此理也

僧舉敎云文殊忽起佛見法見彼佛攝向二鐵圍山五雲曰如今若有人起佛見法見我與點兩椀茶且道賞伊罰伊同敎意不同敎意頴濱老曰攝向鐵圍山令知起見之非與他茶喫令他識本

來處與教意異而不異

保福僧到地藏地藏和尚問彼中佛法云何曰保福有時示衆道塞卻你眼教你覷不見塞卻你耳教爾聽不聞坐卻你意教你分別不得地藏曰吾問你不塞你眼見箇什麼不塞你耳聞箇什麼不坐你意作麼生分別或人問此二尊宿意爲同爲不同潁濱老曰六根爲物所塞爲物所坐則不見自性不聞自性不能分別自性若不爲物所塞不爲物所坐則可以聞見自性分別自性矣老子曰視之不見名曰夷聽之不聞名曰希搏之不得名曰微是三者不可致詰故復混而爲一則性也凡老子之言與佛同者類如

此。
鄧隱峯在馬師會下。一日推土車。馬師展脚路上坐。峯曰。請師收足。馬曰。已展不收。峯曰。已進不退。推車直進。碾損馬師脚。馬歸法堂。執斧子曰。碾損老師脚底出來。峯出。引頸於前。馬師乃置斧子。
頴濱老曰。馬師展脚不收。執斧而問。二者皆以試驗隱峯臨機見解耳。土車進退。於事初無損益。而直推不顧。此隱峯狂直之病也。若執斧問之。而縮頸畏避。則十分凡夫。無足取矣。猶能引頸而俟。則猶可取也。故其終也。不坐不立。倒立而逝。雖去來自在。而狂病猶未瘥也。

南泉欲遊莊舍土地神先報莊主莊主乃預爲備泉至問曰安知
老僧來排辦如此莊主曰昨夜土地神相報泉曰王老師脩行無
力被鬼神覷見有僧便問既是善知識因何被鬼神覷見泉曰土
地前更下一分飯潁濱老曰昔大耳三藏自謂得他心通忠國師
見而問之曰老僧心在何處大耳曰在西川看競渡忠再問心在
何處大耳曰在天津橋看弄胡孫及三問大耳良久莫知去處忠
叱之曰這野狐精他心通在什麽處仰山聞而釋之曰前兩度是
涉境心故爲大耳所見後是自受用三昧故大耳不能見今南泉
欲遊莊舍而土地知之亦見其涉境心耳本無足恠者南泉自謂

贍

修行無力亦姑云爾僧因其言而詰之非識理者也答之以土地前更下一分飯蓋言前後皆涉境心耳

仰山嘗謂第一坐曰不思善不思惡正恁麼時作麼生對曰正恁麼時是某甲放身命處仰山曰何不問老僧曰恁麼時不見有和尚仰山曰扶吾敎不起或曰不思善不思惡此六祖所謂本來面目而仰山少之何也潁濱老曰在周易有之無思也無爲也寂然不動感而遂通天下之故非天下之至神其孰能與於此無思無爲者其體也感而遂通天下之故者其用也得其體未得其用故仰山以爲未足耳長沙岑和尚嘗遣僧問同參會老曰和尚見南

泉後如何會默然僧曰未見南泉時如何會曰不可更別有也僧回以告岑有偈曰百尺竿頭坐底人雖然得入未爲眞百尺竿頭須進步十方世界是全身蓋亦貫其用耳

香巖閑師嘗謂衆曰如人在千尺懸崖口銜樹枝腳無所踏手無所攀忽有人問西來意若開口答卽喪身失命若不答又違問者如何卽是衆無對顒濱老曰我若當此時便大開口答他西來意不管喪身失命管別有道理也

玄沙備頭陀謂衆曰諸方老宿盡道接物利生只如盲聾瘂三種病人汝作麼生接拈槌豎拂他且不見共他說話他且不聞口復

啞若接不得佛法安在時雖有答者備皆不肯顯濱老曰三種病人若只用諸方拈槌竪拂說話等伎倆接他眞是奈何他不得如諸佛菩薩修行功到虎狼蛇蝎崖石草木無物透不得而況三種病人乎玄沙之意倘在是耳非一時老宿境界故未有能道者耳

德謙禪師嘗到雙巖雙巖長老問金剛經云一切諸佛皆從此經出且道此經是何人說師曰說與不說且置和尚喚什麽作此經雙巖無對師曰一切賢聖皆以無爲法而有差別既以無爲法爲極則又安有差別且如差別是過不是過若是過一切賢聖盡有過若不是過決定喚什麽做差別雙巖亦無語顯濱老曰佛本無

經此經者此心也佛惟無心故萬法由之而出若猶有心一法且不能出而況萬法乎四果十地皆賢聖也其所得法各有淺深然皆非無心則不能得故曰一切賢聖皆以無爲法而有差別如扁之斲輪傴僂之承蜩皆非無心無以致其功其以無致功則與賢聖同而其功之大小則與賢聖異賢聖之有差別蓋無可疑者也

經所謂以無爲法者謂以無而爲法耳非謂有無爲之法也然自六祖以來皆讀作無爲之法蓋僧家拙於文義耳

杭州報恩院惠明禪師庵居大梅山有二禪客至師曰上坐離什麽處來曰都城師曰上坐離都城至此山則都城少上坐此山剩上坐剩則心外有法少則心法不周說得道理卽住不會卽去二

客不能對又有朋彥上坐訪師師問一人發眞歸源十方虛空一時消隕今天台嶷然如何得消隕去朋彥亦無措潁濱老曰佛身充滿於法界普現一切羣生前此理也一人發眞歸源十方虛空一時消隕亦理也二理無可疑者人能達此理則去來之想盡山河之礙滅眞性朗然物莫能隔此所以爲充滿法界消隕虛空矣達者聞而信之昧者疑之則天台嶷然在前未嘗滅矣

杭州永明寺道潛禪師嘗訪淨慧禪師會四衆士女入院淨慧曰律中隔壁聞釵釧聲卽爲破戒見睹金銀合杳朱紫駢闐是破戒不是破戒師曰好箇入路淨慧稱善潁濱老曰隔壁聞釵釧聲而

欲心動安得不謂破戒金銀合沓朱紫駢闐而心不起安得謂之破戒

蘇文定公第三集卷第九

欒城第三集卷之九終

此卷㕔蒿為遺老齋記

欒城第三集卷之十

宋眉山蘇轍子由著

明東吳 王執禮子敬
顧天叙禮初 仝校

蘇文定公第三集卷第十

記四首

藏書室記

予幼師事先君，聽其言，觀其行事。今老矣，猶志其一二。先君平居不治生業，有田一廛，無衣食之憂，有書數千卷，手緝而校之，以遺子孫，曰：讀是，內以治身，外以治人，足矣。此孔氏之遺法也。先君之遺言，今猶在耳，其遺書在櫝，將復以遺諸子，有能受而行之，吾世其庶矣乎蓋孔氏之所以敎人者始於洒掃應對進退及其安之然後申之以弦歌廣之以讀書曰道在是矣仁者見之斯以爲仁智者見之斯以爲智矣顏閔由是以得其德予賜由是以得其言求由由是以得其政游夏由是以得其文皆因其才而成之譬如農夫墾田以植草木小大長短甘辛鹹苦皆異其性也吾無加損焉能養而不傷耳孔子曰十室之邑必有忠信如丘者焉不如丘之好學也如孔子猶養之以學而後成故古之知道者必由學學者必由讀書傳說之詔其君亦曰學于古訓乃有獲念終始典于學厥德修罔覺而況餘人乎子路之於孔氏有兼人之才而不安於

學嘗謂孔子有民人社稷何必讀書然後爲學孔子非之曰汝聞六言六蔽矣乎好仁不好學其蔽也愚好智不好學其蔽也蕩好信不好學其蔽也賊好直不好學其蔽也絞好勇不好學其蔽也亂好剛不好學其蔽也狂凡學而不讀書者皆子路也信其所好而不知古人之成敗與所遇之可否未有不爲病者雖然孔子嘗語子貢矣曰賜也汝以予爲多學而識之者歟曰然非歟曰非也予一以貫之一以貫之非多學之所能致則子路之不讀書未可非邪曰非此之謂也老子曰爲學日益爲道日損以日益之學求日損之道而後一以貫之者可得而見也孟子論學道之要曰必

有事焉而勿正心勿忘勿助長也心勿忘則莫如學必有事則莫如讀書朝夕從事於詩書待其久而自得則勿忘勿助之謂也譬之稼穡以爲無益而捨之則不耘苗者也助之長則揠苗者也以孔孟之說考之乃得先君之遺意

□□□待月軒記

昔予遊廬山見隱者焉爲予言性命之理曰性猶日也身猶月也予疑而詰之則曰人始有性而已性之所寓爲身天始有日而已日之所寓爲月日出於東方其出也物咸賴焉有目者以視有手者以執有足者以履至於山石草木亦非日不遂及其入也天下

東南為小軒之前廓然無障幾欲天際每月之望開戶以須月
知其說不知其所以說也予異其言而志之久矣發室於斯闢其
日之遠近為月之盈闕非身而何此術也而合於道世之治術者
用復出於東然後物無不覩非命而何月不自明由日以為明以
出於卯謂之命月之所在謂之身日入地中雖未嘗變而不為世
死然而死此生彼未嘗息也身與月皆然古之治術者知之故曰
嘗耗也惟一而已惟其所寓則有死生一生一死者身也雖有生
闕者月也惟性亦然出生入死出而生者未嘗增也入而死者未
盟然無物不廢然日則未始有變也惟其所寓則有盈闕一盈一

下接墳院記

之至月入吾軒則吾坐於軒上與之徘徊而不去一夕舉酒延客道隱者之語客漫不喻曰吾嘗治術矣初不聞是說也子爲之反復其理客徐悟曰唯唯因志其言于壁

此文在卷首

遺老齋記

庚辰之冬予蒙恩歸自南荒客於潁川思歸而不能請子憂之曰父母老矣而居室未完吾儕之責也則相與卜築五年而有成其南修竹古柏蕭然如野人之家乃闢其四楹加明窗曲檻爲燕居之齋齋成求所以名之予曰予潁濱遺老也盍以遺老名之汝曹志之予幼從事於詩書凡世人之所能茫然不知也年二十有三朝廷方求直言有以予應詔者予采道路之言論宮掖之秘自謂必以此獲罪而有司果以爲不遜上獨不許曰吾以直言求士士以直言告我今而黜之天下其謂我何宰相不得已寘之下第自

下樓藏書之記

是流落凡二十餘年及宣后臨朝擢爲右司諫凡有所言多聽納者不五年而與聞國政蓋予之遭遇者再皆古人所希有然其間與世俗相從事之不如意者十常六七雖號爲得志而實不然予聞之樂莫善於如意而憂莫慘於不如意今予退居一室之間杜門却掃不與物接心之所可未嘗不行心所不可未嘗不止行止未嘗少不如意則予平生之樂未有善於今日者也汝曹志予之學道而求寡過如予今日之處遺老齋可也

墳院記

旌善廣福禪院者先公文安府君贈司徒墳側精舍也先公旣壯而力學晚而以德行文學名於世夫人程氏追封蜀國太夫人生而志節不羣好讀書通古今知其治亂得失之故有二子長曰軾季則轍也方其少時先公先夫人皆曰吾嘗有志茲世今老矣二子其尚成吾志乎轍兄弟雖少而仕亦流落不偶年幾五十乃始得還朝兄氣剛寡合已入復出轍碌碌無能輕重五年而至尚書右丞與聞國政以故事得于墳側建剎度僧以薦先福墳之東南四里許有故伽藍陵阜相拱揖松竹深茂相傳唐中和中任氏兄

弟所捨也轍以請於朝改賜今牓時元祐六年也旣三年兄弟皆以罪廢南遷海上又六年蒙恩北歸兄至毘陵以病没轍中止潁川不能歸又五年前執政以黜去者皆奪去墳上刹又二年上哀矜舊臣手詔復還昇之墳之西南十餘步有泉焉廣深不及尋晝夜瀵湧清洌而甘冬不涸夏不溢自轍南遷而水日耗至奪刹遂竭父老來告轍惕焉疑獲譴于幽明徬徨不知所爲而手詔適至泉亦滃然而復山中人皆曰詔書乃與天通耶轍聞之躑躅而拜以膺上賜久之乃爲之記使世世子孫知茲刹廢興所自以無忘朝廷之德政和二年壬辰九月己卯朔六日庚申中奉大夫護軍欒城縣開國伯賜紫金魚袋蘇轍記

卷十終